Robbie Shepherd's
DORIC COLUMNS

D0334402

Robbie Shepherd's
DORIC COLUMNS

Illustrations by Graham MacLennan

Foreword by Tom Forsyth

BIRLINN

First published in Great Britain in 2006
by Birlinn Ltd
West Newington House
10 Newington Road
Edinburgh
EH9 1QS

www.birlinn.co.uk

ISBN 1 84158 524 6
EAN: 978-1-84158-524-6

British Library Cataloguing-in-Publication Data
A catalogue record for this book is available on request from the British Library

Typeset by Palimpsest Book Production, Grangemouth, Stirlingshire
Printed and bound by Creative Print and Design, Wales

This book is dedicated to my wife, Esma. Without her driving force, encouragement and hours spent over the computer, it would never have seen the licht o day.

Foreword

As a features sub-editor at the *Press and Journal*, I have many stories and columns landing on my computer screen every week. Some I look forward to; others can be a chore. There has always been a sense of anticipation when Robbie Shepherd's Doric column is due.

Having lived in the north-east for most of my life, I have been steeped in the rich language of the Doric. However, as a "toonser", spending my time in the Granite City, I have to admit to speaking a less authentic form of the Doric. Also, at school and later in the workplace, a too-strong local accent was frowned upon and discouraged, a sad fact of life.

My lack of authenticity was confirmed at an early age when I had a friend who had relatives living at Blackburn, not that far from the city limits. Cycling out to spend glorious summer days on their farm, we were struck immediately by the difference between our tongue and that of our near neighbours. Not only did the accent change over those few miles, but many of the words used seemed alien to our young ears. I was familiar with such delights as horny golach, skinnymalink, gype and gadgie, but mischanter, trock, nickum and syne, for example, had never crossed my lips.

Such differences in the Doric are widespread throughout the region, but one person who seems able to draw together the many facets of the language is writer, broadcaster and Dunecht loon Robbie. With my background, I was an obvious choice to handle the Doric column; not every sub-editor would relish the prospect or even begin to understand what some of my colleagues from other parts of Scotland and from England would class as a foreign language. Week by week, through his BBC Radio Scotland shows and *Press and Journal* columns, Robbie brings his ain folk the glorious colour of their culture. More than most columnists, Robbie receives feedback from his readers in the form of letters and now, leaping into the twenty-first century, e-mails. Sometimes a dialogue will develop, with differences of opinion reaching fever pitch over word derivations.

The traditional year of shows and Highland games is given unparalleled coverage in the columns, and many great characters are brought to life on the page as Robbie travels the country, meeting the folk who give the area its timeless quality.

I always enjoy the couple of lines – sometimes from a poem, sometimes from a song – that head the columns, setting the scene for what is to come. Many a time, these lines have sent me off to look at my books or the internet to enjoy in full a poem or song that has struck a chord or jogged a memory of better, sunnier days of my youth. It is one thing to soak up the characters, atmosphere and colour of our culture, but another thing entirely to be able to write about them in an entertaining way. At this, Robbie is a master.

I commend these columns to you. Enjoy.

Tom Forsyth
September 2006

Introduction

Three score an ten the Lord laid doon
The length o years for laird an loon

Ae year's bairns – Charles Murray

Being brought up in a village 12 miles east o Alford, the birthplace of Charles "Hamewith" Murray, I was attracted to his poetry from an early age and found the core of what was to become a near obsession with me – the bonnie birlin rhyming Doric words leading me to poets and authors fae Grassic Gibbon and up tae date wi the likes o Ian Middleton and Sheena Blackhall.

Kindred spirits is the best way I can describe it and I hope the selection of columns I have chosen from over the last 10 years reflect a way o life that I wouldn't have swapped wi onybody.

Son o the souter on an estate that knew the value of community spirit and respect for the Laird, I take you through fowk an ferlies I have encountered in the three score an 10, sincere tributes to freens nae langer wi us, personal mishanters and joys and the appreciation o the Doric wordsmiths.

I hope you find something tae tickle yer fancy as I go with Esma's help fae the Imperial Typewriter of 1996 tae the Podcast, a 10 years on, with the voice now heard worldwide if you find difficulty wi the written word.

Yes, a wee click on to the website of www. thisisnorthscotland.co.uk and there you hear unashamed, the north-east, the Doric tongue; a tongue, so well described by J.C. Milne, that characterised the lad o these pairts:

"Folk wha gang their ain gait wi a lach or a spit or a sweir."

I hope the flavour shines through.

ROBBIE SHEPHERD

Acknowledgements

As well as the weel-kent names and characters that come loupin oot o the pages, I wish to thank all who have encouraged me in compiling these columns over the years. There's the assistant editor at the time, Moreen Simpson, who started me off. Then again the editorial staff of the Press and Journal over the years, the valuable help of my guid freen and co-author on earlier books, Norman Harper and especially to the readers, old and new, who appreciate the tongue and are always willing to add their tuppence worth.

Harin aa roon wi mike at ready

17 June 1996

A respite from your labours
A time of fun and laughs
The place to greet your neighbours
In hearty "Slainte-mhaths"

The Games, by Angus MacIntyre

Losh, bit the warl's gyan roon at a fair bit bicker. It disna seem at lang since I laid by the tippet fae Braemar Games an nae an eer seen surely since the thunner an lichtnin hid's aa skiddadlin for shelter es the waaters teem't doon on the lans aroon Bennachie. Bit there I wis harin aa roon the kintraside again, mike at the ready, at the start o the new season.

It's only eence in a puckle eer at the calendar gaes oot o stot fan the Keith Festival coincides wi the Meldrum Sports on the Setterday an Aiberdeen Games on the Sunday. Es wis ane o the eers, an if coorse, I got snar't in the middle o't.

Wi a Sunday-mornin programme on the radio, it kyn o added tae the steer an I cwid bit manage the ae nicht at Keith afore I riggit oot in the kilt an awa oot tae Meldrum.

Michty, there's something aboot the games that hauds me an I dinna lat onything come in their wye, which myns me on ma first invitation fae the Scottish Fiddle Orchestra tae compère their concert in front o thoosans in the Royal Albert Hall in London. I turnt it doon for Meldrum, an in the Evening Express, Alistair Robertson, fa hid his *Bon-Accord Gossip* column at the time, wis tae mak comment at Robbie Shepherd turn't doon the chance o a lifetime o appearin in the famed London ha tae commentate the egg-and-spoon race at Meldrum Sports!

The games, if coorse, maun change wi the times, an pairt o the tradition at Meldrum is tae get a personality tae perform the openin ceremony. We reca sic names as Dave Willis (1947) an the douce dapper wee provost o Aiberdeen, Thomas Mitchell (1948); the mannie that gaed inta the annals o local history wi his remark fin meetin King George an Queen Elizabeth at the Jint Station wi Princesses Elizabeth and Margaret: "Is ony o the twa quinies needin the lavvie?"

In my time o commentatin, I myn sharin a sofa wi Diana Dors (1978) in Meldrum Hoose Hotel (I winner fit wye at shid come tae myne) an a wise-crackin Jimmy Saville (1968).

Es eer it wis Dorien o *Birds of a Feather*, Miss Lesley Joseph, an a richt fine quine she turn't oot tae be. I've nivver seen sae muckle fowk bide back for the presentation o prizes tae the pipe bands, an she hid a conter-attraction tae conten wi: the fitba on TV!

I nivver thocht I wid see the day fin the bills show't as een o the attractions "Live Televised Coverage of the Scotland v England Football Match in the Marquee". Gin a body wintit tae watch, they cwid aye bide at hame, bit na, faith ye, the twa gaed thegither for a puckle fowk.

I did suggest tae oor eident secretary, Bob Forsyth, that he shift the baby show back tae the marquee an pit it on

at three o'clock. At wye, I cwid o daen a commentary on the bairns' judgin an haud it gyan for an oor-an-a-half. He wisna on for't, bit I maun admit the atmosphere fae the marquee durin the match got tae ye.

Ilka roar an ye winnert fit wis up, bit on I bleeter't at the mike. The trannies roon the tug-o-war teams keepit me in the picter an fair spyl't the evenin I hid mappit oot bi tellin Esma tae myn an tape the glorious victory.

Victory? I got hame an nivver touch't the knob o the TV an it wis weel inta the riggins o the nicht afore I cwid even hae a keekie o the Green Final!

Finally, again fae the arena at Meldrum. That champion rinner fae Lumphanan, Mark Parham, wis haein a blether wi's. He's a lawyer noo an funcies wirkin abroad, bit the Far East raither gin America. They try onything ower there, an he tellt's o a lad at ran a race for a bet wi a fridge strappit on till's back. True! He broke his back an sued the fridge company!

See ye neist wikk.

As an introduction, this column seemed to sum up the mad career that is and has been my way of life.

Now, what makes you think that Scotland lost the fitba match that day?

Belle, een o the greatest traditional singers

22 July 1996

Busk, busk, bonnie lassie
An come awa wi me
An I'll tak ye tae Glenisla
Near bonnie Glenshee

Traditional Ballad

Fit needs a body loup inta a muckle aeroplane haudin for the likes o Tenerife an Majorca fin we hae sic beauty at our ain doorstep? Oh, ay, the heatwave last wikk maun o hid something tae dee wi't, bit fit a gran car run we hid on Setterday.

We waur bound for Blairgowrie an, wi plenty o time on wir hauns for eence, Esma and masel decidit on a circular tour an a wee picnic. Myn you, the muckle cardboord box stappit foo (naething sae fantoosh as a hamper) wid o fed the five thoosan, bit that's anither maitter.

Up we held bi Braemar, doon the side o the Clunie Watter tae Glenshee, nae even noticin that the Deil's Elbuck hid been strachen't oot. It's that linth o time since we were last ower es bittie o the A93.

We waur seein Scotland at its maist majestic, an tho the cars were whizzin by oor chosen picnic spot a feow mile fae the ski-lift, we still sens't a gran inner feelin o calm an content.

5

Losh, jist sittin there starin inta the still wee pool at the roadside hid an effect: the midgies dancin an skippin bit hardly gettin their feet weet, the different varieties o spagnum moss, the wild flooers, the butterflees: natur's ain wee gairden contrastin wi the towerin mountains risin up fae the heather, an it disna need weedin! If only I cwid o pit it in the boot an transpluntit it at hame.

I maun be gettin aul, bit it did gie's a sharp reminder that I spen ower muckle time dashin aboot in the fower wheels an nae takkin time tae dauchle. An it's aa free – oor ain kintra.

The objec o the car run wis tae atten a speecial anniversary. Naething tae dee wi the celebrations surroondin the 200th eer sin the daith o Robbie Burns, yet speecial nivertheless. It wis a pairty for a 90th birthday, an the lady in question wis brocht inta es warl in an even mair humble abode than the wee thackit hoosie at Alloway.

Belle Stewart wis born on the auchteenth o July in nineteen hunner an sax in a wee "bow" tent bi the side o the watters o the Tay at Carputh, jist a feow mile fae Blairgowrie. Times were fell hard for the family, bit that verra mornin, her faither, Donald McGregor, wis deein a bit o pearl fishin on the Tay an bi a bit o guid fortune pull't oot a topper. He manag't tae get a fiver for't fae a weel-tae-dee toorist fa'd been fishin near at haun.

"That mornin," Belle wis tae remark in later life, "what wi a new bairn, ma mither fine an a five-powen note, there wisna a happier faimily in the hale o Scotland."

Young Belle inheritit the great oral tradition o her forebears in the traivellin clan an wis tae rise tae become een o the greatest traditional singers oor kintra his produced.

I first becam acquant wi her at a folk festival in Kinross a guid feow eer ago noo and my admiration rose ilka time I heard her sing efter that. There wis something aboot her verra presence at a folk gaitherin. She cwid still the maist noisy crood bi the sheer delivery o her wirds, wi that stracht, prood back as she sang o her ain fowk an their wyes.

Een o her favourites wis her ain "Berryfields o Blair", an it will bide in the folk annals as a wye o life that, wi modern machinery, is sadly comin till an eyn. She didna haud back either on the truths o the ongyans in the camps set for the berry-pickin in the 1930s.

I've aye ca'd Belle a lady an she richly deserves the title. A lady she is, bit it wis a thochtie sad tae see her noo in a wheelcheir, bit still wi that serene smile an bewitchin een.

We left the pairty tae the strains o a massed choir made up o some o the best folk singers in the country, beltin oot like a weel-trained choir: "Busk, busk bonnie lassie."

Lang up the road on the last leg o oor circular tour, the rich soun o that choir wis wi us. The eyn o a perfect day!

See ye neist wikk.

Not for the only time in these chosen columns do I pay tribute to genuine folks who have left their legacy; a major contribution to our traditional music. Sadly, Belle has since passed on.

Panic stations at the airport

21 April 1997

Bit dooks like idder pleasures
Come ower seen tull an en
Ower seen in draars an briks
The legs are clossacht up again

Mains o Yawal's Dook, by Flora Garry

"Funcy daein a *Take the Floor* fae Portugal?" So said the producer o ma radio programme an, dasht, I wis sure he meant Portknockie.

I wis wrang, an at's foo I find masel sittin here on the balcony o ma hotel room in the Algarve an lookin at a sign that reads: "Pedo-se a favor de nae pendurar roupas, toalhas etc na varanda", which I unnerstan jist means: "Dinna pit yer fool claes on oor funcy railin." Losh, I'm nae bidin lang eneuch tae hae fool linner.

It's Thursday an I recordit the programme for Radio Scotland estreen wi 150 dancers fae aa ower the British Isles here on a package tour. A band an caller are includit, as weel, an wi the calibre o Kevin Clark ans band we thocht we wid record een o the day's dancin o the wikk-lang trip, tae tak tent o the growein trend. Es parteecular company his been rinnin sic affairs for 18 eer noo and it's tae be commendit.

Nae time for me tae dauchle, tho, an I'm on ma road

hame again, jist wytin for transport tae tak's tae the airport. Noo for masel I div admit tae bein a hame-bird, tho I cwid thole es a filie langer. Lattin lowse on ma ain tho, I'm jist waur than eeseless.

I did anticipate an antrin hiccup on the wye oot wi nae wife tae haud ma haun an the rest o the crew oot bye a twa days afore. I wisna disappintit. I got as far's the departure lounge for the first flicht oot o Aiberdeen fin I hid ma first mischanter.

I hid, like aa ither body, tae walk throwe yon X-Ray affair tae make sure I wisna cairryin ony weapons an duly pit ma keys in a wee troch an ma briefcase on the sma conveyor belt. Safely throwe, I wid hae a coffee an doupit masel doon in a neuk tae hae a read o the mornin paper. That deen, I raise up tae jine the queue for boardin . . . an panic. Nae briefcase!

Fit a stew I wis in, like Flora Garry's Mains, I wis in a fair "bog o swyte" an fair convinc't somebody wis awa wi't tae stap it foo o drugs hopin tae hae't back afore I feenish't ma paper. Jile't for drug traffickin!

Fin the coffee mannie got me calm't doon he suggestit I gaed back tae the security an, sure eneuch, there wis the briefcase aa its leen on the conveyor. I'd nivver pickit it up efter ma X-Ray!

Oh, at's nae aa. Comin aff the Aiberdeen flicht, I wisna for dauchlin till I fun oot far the plane tae Faro wis takkin aff fae. Fit a warren o a place yon Heathrow is.

Stridin ben the lang, muckle corridors, I gaed by the Flight Connections sign in search o Terminal 2 an maun o traivell't miles. At lang linth, I come on the Duty Free an poppit in for the bottle o MacAllan. The mannie speirt

9

for ma boarding card. Weel I show't him the een I hid fae Aiberdeen an my air ticket, bit na, faith ye, the bottle hid tae ging back on the shelf wi the comment fae the cheil: "By the way, this is Terminal 1."

Michty, aa the wye back I hid tae go, speirin at ilka second body tae keep masel on track. Wi meenits tae spare, I boordit ma plane an wis greetit bi ma producer at the ither side wi: "Nice Flight?" I didna lat dab at foo near he wis tae nae haein a presenter!

So foo wis Portugal? Ye're speirin at the wrang mannie, bit I can tell ye the oranges are ripe an the tatties nae half comin on.

Me? Weel, I'm postin es screed tae ye fae Portugal in case I tyne masel on the road back!

Algarve for a day an a denner. It's aa richt for some!

See ye neist wikk.

I have presented the Saturday-night Scottish dance-music programme now for 25 years and seldom can stay long enough to appreciate where I've been. Nevertheless, it's been great to meet in with the enthusiasts wherever. Left alone, travel can often become a nightmare for me.

Caught oot by the Gab o Mey

21 May 1997

The roddin stans sae bonnie an bricht
On a fine May day sae warm an licht
Bit seen it fa's wi the howlin bla's
Fae the wintry Gab o' Mey

Aul sayin

Losh, I shid o hin mair sense, bit I'se warrant I wisna the only een catch't oot wi the frost an sna last wikk. "Rough winds do shake the darling buds of May" wis foo William Shakespeare describit the Gab o Mey aa these centuries ago, an naitur disna cheenge her wyes.

I wis jist fair trickit wi masel. Sair wark's nae easy, bit at lang last ma major excavation in the back gairden wis ower, the professional hid been an gone and there we were lookin oot on a bonnie meanderin crazy-pav't pathie aa o 90 fit tae the eyn o the yaird. Jist the verra dab for splittin up the gairden for easy management in aul age.

The aul path, stracht doon the middle, wis apparently the roadie fae the craft o Mount Pleasant tae the Don afore Donald Stewart startit biggin hooses jist afore the start o the second warl war, an at the front I look oot on a cul-de-sac o that name.

By jings, the roadie hid been weel traivel't on an holes fullt in wi weer an teer o the passage o time. I maun o

11

howkit oot mair steens than ivver John Fyfe took oot o Kemnay Quarry, bit there they were aa happit up again aneth the new crazy pavin.

I cwidna wait gae get yokit again. Weel, there's still anither quarter o wilderness wytin for anither season, bit noo it wis jist a maitter o levellin oot the earth an on wi the plantin.

Lull't inta a fause sense o security wi yon affa bonnie spell o spring wither, aff cam the sashes, the makshift frames dismantl't an the haardnin aff o the annuals weel begun.

Syne the forecast said severe frost. Wid I hae tae maak up the frames again? Na, faith ye, I myndit on a tip fae an aul gairdner, tae rise wi the lark an watter the plants afore the frost loups wi the first rays o the sun. At's fan the damage is deen.

Wi heavy hairt an a roozer in ilka haun, there I wis watterin nae only the plants bit the sna an aa! The verra leaves o the petunias were saacers o ice an the dwarf Cosmos were coorin their heidies as aye anither splash o caul watter rained doon.

It didna help fin the wifie cam hame at nicht tae warn me nae tae coont ma chuckens yet. Some learned sage tellt her that it taks a day or twa afore the damage shows an I micht lose them aa yet.

So it's fingers-cross't time. The French marigolds are showin the waur o the weer an, sure eneuch, the petunias hae come oot in a rash o fite measles.

Noo, feel gype! It wis only then that I consultit ma five-eer gairdenin diary an here's me a hale fortnicht early wi aa ma hash.

Fit wye dis the slugs an greenfly nae connach i the

frost? I'm convinc't the slugs aa get thegither an gyang on a fest route mairch tae keep warm, an the nesty flees use the newly-pluntit sweet peas as a breedin grun tae bed doon on caul nichts.

Tae croon it aa, ma grun at the fit his got straaberry-sick. Me? I'm spewin lookin at the cryn't craiturs o plants. Wis I nae suppos't tae shift them in rotation or is that something else I hae forgotten aboot? Fa said gairdenin's easy?

Finally, awa fae maitters horticultural tae agricultural.

The wifie wis taiklin the Press and Journal crossword in her bed the ither nicht an me wi ma een shut tryin tae win asleep.

Aa at eence, the titterin began, then a series o lauchs rockit her hale body like a Massey-Ferguson tractor. There wis a clue at said: "Parent gets cut by the surgeon's saw."

It hid tae be an anagram an TREPAN is yer surgeon's implement. Aa she cwid come up wi wis TAPNER. For toon's fowk, a tapner wis used tae tap an tail neeps!

She'll nae operate on me, at's for sure.

See ye neist wikk.

Esma and I share a love of gardening, but the garden gets bigger as we get older. This was our first attempt at low maintenance, but the trials and tribulations of such a hobby are sure to come up later.

Herber scene stirs memories o sail

14 July 1997

The old men gather on the waterfront
and entertain the time going by
with times gone by.

The Old Men: Aberdeen Elegy, by Andrew Greig

Aiberdeen is "a-buzz", as they say; fair hoatchin an reemin fu o boats, fowk an memories. Hoatchin wis the wird richt eneuch fin the twa o's gaed throwe the doors o the Treetops Hotel on Friday nicht tae atten a dance bi speecial invitation o the Caithness, Orkney and Shetland Association o Aiberdeen.

The affair wis tae welcome the 237 guizers doon fae Shetland tae add their ain bit o colour an pageantry tae the Tall Ships Race. Takkin them, members o the association an guests, there maun o been aboot 600 packit inta the function hall, an losh the Shetlanders ken foo tae enjoy themsels.

Haein read that they hid drunk the St Clair dry on the road doon, I expectit the guizers tae be hingin-luggit an wabbit, bit damn the fear.

There wis sivven guizer jarl squads an mair than that o former jarls themsels, ilka group in their ain distinctive costumes an each een tailor-made tae perfection.

Forget aboot Di's dresses. This array o fur, claith an metal

15

wi the Hagar helmets wis reckon't tae value at a quarter o a million poun! That's foo serious they tak their annual Up Hella Aa, an I salute ilka een o them for their maist valuable contribution tae es wikk's Tall Ships event.

Their verra presence wis a reminder o the fowk o bygone eras as weel's the ships, an es wis eemist in my myn as I hid a bit dander ben the prom fae the Brig o Don on Setterday evenin wi a cry in by the herber.

I wis expectin tae see the prood sails full tae the win makin their gracefu entry ower the bar, bit I wis some late for that. Aa were hoos't up lyin snug tae een anither in the Victoria Dock.

Giants wi masts reachin for the skies were reemin fu o fowk, giants like the Russian MIR, the faistest o the muckle sail ships, wi MIR staunin for peace. She'd little chunce o that wi the mass o fowk camouflagin the fact this this wis Aiberdeen Herber wi its usual daily darg o the fish an the ile.

Even wi the sails wrappit up at bay, ye cwidna bit marvel at the skeely wark o the shipvrichts an navigators o times gone by.

It wis in es mood that I, tee, slippit by in time on leavin the bussle an socht a quaet meenit or twa wi a traivel throwe the aul kirkyaird in St Clements Street. Jist a steen's throw awa wi the lood boom o the pop an jazz warl still followin's.

Names an occupations loupit oot at me fae the gravesteens remindins o the ghost o the Hall Russell era: ship chandlers, sail makkers, shipvrichts, fishermen, buyers an curers. The last remainin link o a prood tradition.

Rubbits, blissfully unaware o the hullabaloo neist door

an fair startl't wi the presence o es passer-throwe, made hell-for-leather tae their hidey-holes, an a lane bunch o blue irises at the grave o the Walker faimily wis the only reminder that a link still hauds on.

William Walker, Fish Curer, beeried mair than 100 eer seen, an syne the faimily were tae follow. Foo sad that the body that hid sae lovinly pit the flooers in the vase cwid possibly be the last tae forge the aul an the new o a wye o life that's been wypit oot an rebuilt for the era o the ile.

Congratulations tae aa that hae organised the tall ships tae cry in by Aiberdeen eence again an, like mony mair, I'll be back fin the sails are at the full as we salute the craftsmanship an the navigation skills.

It'll maybe be better luck for me neist time as far as the stands are concern't. I hid a bit chuckle tae masel fin, afore leavin the quay, I tried tae saitisfee the belly wi a pyokie o fish an chips only tae be tellt at the Country Refreshments stall that they hid run oot o fish. Nae fish in Aiberdeen herber? Haud on!

See ye neist wikk.

It was a grand spectacle and brought to attention the major role Aberdeen has played in boat-building the world over. The appearance of the Shetland guizers just completed the picture of the world of ships and sails.

DUKE OF YORKS

ANDY WINDSOR
(Duke of York)

TATTIE MERCHANT

Plenty fat aboot herrin

28 July 1997

Plenty herring, plenty meal
Plenty peat to fill her creel

Lewis Bridal Song

Fin Prince Charles sat doon wi Camilla tae sattle on the menu for the big birthday bash, I winner if they gaed herrin an tatties a thocht? Man, ere's naething better at es time o the eer. Herrin an oatmeal, newly hol't Duke o York tatties, mustard sauce an a dollop o butter as a stand-by tae feenish fit's left o the spuds. A feast fit for a king or, in their case, a prince ans bidey-in. Oor Charlie his been kent tae hole a twa-three stems, efter aa, ons holidays in Benbecula.

Hame-ower cooks throwe the ages will tell ye es is the best time for the herrin. Plenty fat aboot them in June, July an Aagust. Nivver heed them if there's an R in the month wis aye a bit o gweed advice.

The moo-waterin dish at the denner table, I hasten tae say, wisna cookit bi me, as aboot es time last eer I tellt ye aboot ma disaster at tryin tae fry the herrin, nae kennin anither bit o advice that gaed:

The hinmaist wirds the herrin spak
Wis roast ma belly afore ma back

The subject wis in ma myn, tee, as I sat doon the ither day tae read companion beuks, baith bi Wallace Lockhart, on "The Scots and their Fish" an "The Scots and their Oats". The myn boggles at the second title, bit dinna worry, ere's nae wird o Lady Chatterley nor yet a myowt aboot John Broon an Queen Victoria.

They're fine easy readin; ilka beuk tracin the commodities awa hyn back richt up tae the modern processin throwe gweed times an bad.

The story o the ploo tae the plate his been weel documentit an taen throwe haun mair nor eence in this column, as tee the fish, so we'll nae gyang doon that same roadie the day.

Hooiver, let's tak an antrin snatch o interest fae the pages. Tak meal, for example. In 1949 at an oatmeal millers' convention, there were 200 representatives fae aa ower Scotland. And noo? Jist anither example o rural life erosion, mair's the peety; awa wi the sooters, the wheelvrichts an afore lang the village stores an the petrol pumps.

It's the same wi the ower-fishin. Wallace Lockhart taks us back tae the plenty-herrin days wi a quote fae Para Handy on the mysteries an fyles miseries that befell the fishermen afore the days o the muckle factory ships:

> "The herrin is a great mystery. The more you will be catchin of them the more there iss. And when they're no in't at all, they're no there."

I like anither story fae the beuks on foo the famed Dr Johnson got his comeuppance ower his scorn for Scots' eatin habits as he wis ons traivels wi Boswell: "The Scots live on the food which in England is given to the horses," he proclaimed.

Nae lang efter he gaed back hame, a Scottish lady invitit him for dinner an on the menu wis hotch-potch. Fin the good doctor hid tastit it, she speirt if it wis good tae which he replied in his usual gruff mainner: "Very good for hogs I believe."

"Then, pray," said the lady, "let me help you to a little more."

If ye fancy a little more variety on yer plate, ye'll find recipes in each beuk on meal an on fish. Somehow, I dinna like tae see recipes for muesli an skirlie on the same page, bit each tae his ain taste, as the wifie said fin she kiss't her coo.

Nae sign o murly tuck, eether. Foo mony fowk can tell ye the day fit murly means an fit frugal fare we're spikkin o?

I'll stick tae Athole Brose as an aperitif an ah'm gettin twa tastes o the hairst park. Soak yer oatmeal in water at nicht syn in the mornin drain aff the liquid an add honey tae taste. Neist ye poor in a suppie o fusky an teem the mixture inta a gless wi some oatmeal sprinkl't in.

Cheers! See ye neist wikk.

This column was written in the days of Charles amongst the tatties at a croft in Benbecula and before his marriage to Camilla. Murly Tuck is toasted oatcakes crumbled into milk.

TV show for bairns his me hookit

29 September 1997

Over the hills and far away
Teletubbies come to play

Teletubbies : BBC2 TV

Curiosity kill't the cat, they say, an dasht it fair got the better o me. I've been sneekin hame es past feow days at the back o 10 in the mornin fin ere's naebody else aboot the hoose. I bile the kettle, mak a cup o tinkie's tae, flap doon on the sofa an plink; on goes the telly.

The Ryder Cup? Damn the linth! Forget aboot Faldo, Monty, Woosie an Seve. It's Po, La-La, Tinky-Winky an Dipsy for me: The Teletubbies. Weel, I maun dee something tae get ower my Dons depression o a wikk-eyn.

The sun begins tae gently rise, the skies begin tae clear, tae quote Drumdelgie, an man yon bairn's face at the start o the programme wid warm onybody's hairt. First, the look o begaik, syne the curious half-furrat broo, then the smile o sheer pleesur. The joys o a bairn an aa athoot the hippens tae wash an the smells at gyang wi't.

I'm sure the look on the littlin's face is echoed in myn, tee, as the fower freens romp aboot on the girss wi the muckle live Flemish rubbits.

Fit I wintit tae fin oot wis fit aa the hoo-haa's been aboot. Education billies fae some quarters an ither do-gooders fa open their moos an lat their bellies rummle, tell's it's pittin the bairns up the wrang dreel on the first step o the hale education process.

Fit stuff an nonsense. Speir ye at the mithers themsels. They're as hookit as the littlins . . . an me. Fit's wrang wi the bairn-spik an the repeats o the sequences wi the real live bairns? Damn all, an it fair hauds their attention. Losh, bairn-spik wis as common till's aa as a bowel o haet bubblin porritch, fae grunnie's knee tae comics an tae the days o the black-an-fite TV.

Little amuses bairns an less gaurs them greet an we aa look back tae the characters on the go in oor young day. I watcht ma mither, mensfu like, makkin up her list o eerans in the weel-thoombt notebeuk an aye at the fit wis the People's Freen, The Weekly News, the Dandy an the Beano. We cwidna wyte tae get wir hauns on the comics an see fit Korky the Cat an Desperate Dan were up till, the deevils.

Childhood nivver gyangs awa fae ye; weel apairt fae the feow eers as a teenager fin ye think ye're a man afore yer time. So fin me an Esma first got mairrit we nivver eest tae miss the denner-time programmes on the protticks o Andy Pandy or Bill an Ben wi their squeaky freen, Weed. I'm sure Weed his made a comeback somewye in the Teletubbies flooer patch.

Syne there wis Camberwick Green. Ilka day there wis a fire in the village an oot cam the fire engine wi aa the crew hyterin inower. Ilka day, the mayor wi due ceremony hid some proclamation tae mak, an sure as fate there wis the daily gossip wi the twa wifies ootside the village store.

It wis aa compulsive viewin, an me then a chiel o 25.

Noo, *there's* some manna fae hivven tae yon education billies.

The brains that thocht up the Teletubbies an aa the fowk that pit it thegither maun be congratulatit. There's a lot o thocht in there an that's fit impresses me maist. Wee-e-el . . . apairt fae La-La, Tinky Winky, Dipsy an ma wee Po.

Nae muckle winner it's bein sellt abroad, tho the Americans I hear wint tae dub on their ain accent. Nae necessary, an for eence I widna pit forrit a plea for a dub in the Doric. I dinna think ma wee Po wid come oot richt as Chuntie!

Ay, aye bairns at hairt. Tak oor hoosehold last Sunday nicht. The loon's TV wis on ins bedroom aboot midnicht an mither shoutit throwe the door tae pit that thing aff cis he hid an early start in the mornin.

"Fit are ye watchin onywye?" wis answer't bi: "The Wizard o Oz."

"An you a loon o 20?" she contered.

I took a sly look oot aneth the blunkets an fit wis she readin? The Broons an Oor Wullie!

See ye neist wikk.

Bairns we were and bairns we will remain. Harmless entertainment.

Speecial lady's speecial day

20 October 1997

Wyvin a pattern for my life
Through lessons taught me by ma mither

Knit One, Purl One, by Joyce Everill

Twa plain, twa purl, castin on an castin aff. Mony's a lang weary winter's nicht wis spent learnin tae wyve, click clooty rugs an sic like an me a grewn loon. This wis the days afore Coronation Street an Eastenders were battlin for the ratins.

Thochts o bairnhood cam racin back at a pairty for a speecial lady's 90th birthday on Friday efterneen. There wis me crunkin up the haunle o the aul gramophone tae lat fowk hear the soun o Jim Cameron, a soun that waftit oot o the hall winda neist door till's aa yon eers ago.

I speirt at the lady fit wid o been the verra first wireless for her an she mynt on a roon kyn o a contraption an foo ye hid tae gently guide the haunle wi the cat's fusker on tae the crystal. Ye nott earphones, if coorse, bit imagine the excitement o't aa, an foo, a whilie later, she wis taen ower tae a neeborin craft ae nicht tae haarkin till her verra first real wireless.

Loup a generation an there wis me as a loon on a Setterday nicht bein pittin doon tae Johnnie Ritchie's garage for the weet battery tae mak sure we got gweed reception for the dance music, the McFlannels an Scottish Music Hall wi Harry Gordon.

I wid staun there goggle-eed watchin the acid bubblin awa ower the plates in the squar jars wi haunles, aa lin't up an connectit plusses tae minuses on the bench. Ilka een hid the name pintit on: a hale village laid oot on the garage bench.

Then there wis the day as a workin loon, wi a thirty-five poun win on the pools, that I bocht a plus-o-gram fae Patterson, Marr Woods.

Plus-a-fit? I hear ye speir.

Weel, it wis jist that. I cwidna affoord a bran-new record player. Es wis the neist best thing an it cwid haud 10 sivventy-eichts at ae go. Ye hid tae plug it in tae the back o the wireless (we'd an electric model bi then) tae get the soun, hence the plus-o-gram.

Oh, an the smell o the new sivventy-eichts that faither brocht hame on his rare jaunts tae the toon. The latest Adam Rennie wi the "Primrose Polka" wis a favourite, an the voice o Kenneth McKellar singin "The Old House" will bide wi me forivver.

"Lonely I wander through scenes of my childhood, they call back to memory those happy days of yore." The wirds again cam tae myn at the pairty wi the dear lady surroundit wi close faimily an neeborin residents at the shelter't-hoosin complex at Nether Mains Coort at Echt.

Wi my ain gratefu thochts on happy days wi a maist eident an lovin faither an mither, nae doot her thochts wannert tae a man teen awa fae her lang afore the accepit allotted span.

Fae the turn o the century, like mony a mither, she's

cam throwe twa warl wars an has seen, takkin the wireless as the ae example, a maist frichtenin, rapid cheenge tae a wye o life.

Bit wid she hae cheeng't it tae start aa ower again? Efter aa, she is a maist musical lady an cwid nae doobt hae made a career o't bit, then again, there were feow workin mithers then. Takkin health oot o the equation, a thing we canna control, I ken she widna. Aye contentit wi little an cantie wi mair.

Her grandson, a strappin loon o 20, could only shak his heid as tae foo she eest tae listen tae the warl's news wi a cat's fusker as he got the job o tellin's grunnie foo tae work the video the faimily gaed her for her birthday.

She'd three o a faimily bi her side: Harry, Robbie an Helen. Her neebor Bob Milne eest tae tell o faither remarkin: "Aye, he's a fine loon the aulest lad, bit I'm nae sae sure o the middle een." Cwid that o been me?

Happy birthday again, Mam, an hope ye're maisterin the video!

See ye neist wikk.

Unfortunately, grannie didn't make it to 100. She died on June 13, 2006. A dear, dear lady.

Beuk on Jimmy Shand the man

26 January 1998

Tae him it's aa sae simple
An it trickles up yer gland
When ye hear auld Kate Dalrymple
Introducin Jimmy Shand

Jock Turpie

There she wis, wytin at the kirk! Sixty-twa eer seen last Setterday, blin drift an icy roads made a shy, baldin, gangly young man a half-oor late for's waddin at Colinburgh Toon Hall. Wytin for him wis a bonnie waitress fae Leven, Anne Anderson, an the cursin groom wis Jimmy Shand.

So it wis that the couple quaetly celebrated sixty-two eers thegither on Setterday, an Jimmy reaches the age o 90 on Wednesday.

He wis already bi that time maakin his name on the accordion wi the first o's records for Regal-Zonophone and Beltona, and his demonstrations for J.T. Forbes o Dundee; a far cry fae the loon on's first job.

On leavin skweel at 14, there he wis stridin oot wi his blue-flannel sark, his beets tacketit fae heel ti tae an his moleskin brikks wi nicky tams attached. He wis aff doon the mines – hard hard work – an he reca's his first piece-box an watter-fill't flask. Doon there in the gunnels o the earth, the jeely piece an sup caul watter wis like

29

manna fae heaven. "Nae steak wi trimmins since his ivver equall't it," he says.

Simple human stories like that in a new beuk tae be published on the life o Jimmy Shand tell us so much about the man. The music spikks for itsel.

Jimmy cam throwe some rale hard days in's young life includin the General Strike. If faimilies like his saw meat, it wid o been stew fae the left-ower cuttins. Ae butcher in Dundee at the time hid a notice on's door: "COME IN AND BUY OR WE'LL BAITH STAIRVE".

There can be nae doot this background helpit the maestro keep's feet on the grun in the performin business, tho he aye maintains he wis nivver cut oot tae be an entertainer. His humour an fun mang his ain fowk are aye tae the fore, bit the thocht o facin a big aadience wis nae tae his likin.

Owen McCabe, his drummer ower mony eers, thocht he had blawn his chances on his verra first gig wi the band an tellt his wife as much fin he gaed hame. He remarkit foo this Jimmy Shand keepit lookin ower his shooder an starin at him as he play't on. Na, faith ye. Oweny hid pass't the test aa richt. It wis jist that Jimmy hid tae keep divertin his een awa fae the dancers lookin up at him!

Jimmy wis practically bald as a young man an myns on a concert demonstration at Coupar Angus. The hall wis packit, bit a latecomer pleadit tae be litten in cis he jist hid tae see this great Jimmy Shand. Eence inside, his astonished reaction echo't richt roon the hall: "Michty, he's nae bliddy chucken, is he?"

He's aye been a great family man, an fin awa fae hame his first wirds tae Anne on the phone an in letters fae abroad were aye: "Foo's the laddie?" Son David hid been born wi Downs Syndrome, bit I can tell ye David his a rhythym jist like his dad fin he gets ahen the drums.

Father thocht naething on drivin hunners o miles efter a dance jist tae get hame tae his ain bed. On ae trip tae London in 1956, the band played at the Royal Albert Hall wi Robert Wilson tae a crood o 7,000; went on tae play at Windsor Castle for the Royalty, an syne, maitter-o-fact style, he drove stracht hame.

Oh, an the highlight o my broadcastin career wis tae present a dance-music programme for radio fae Letham Village Hall in 1988 fin the BBC persuadit the maestro tae come oot o retirement on's 80th year.

The beuk *The Jimmy Shand Story,* bi Ian Cameron, wis published bi Scottish Cultural Press. I leave ye wi this quote fae an enthusiast gyan back tae the maestro approachin the heicht o's career:

"Shand's pert o Scottish history. He'll live lang efter he's deid."

See ye neist wikk.

Esma and I were privileged to become great friends of Anne and Jimmy. Sadly now both are dead, but not before the maestro was to become Sir Jimmy; a tribute to another of the greats in all aspects of our traditional music and song.

Fare thee weel, Angus

25 May 1998

Strathspeys sae stately and demure
Come singin frae his hand
While jigs and reels however gleg
Dance out at his command

On Angus Fitchet, by Andy Stewart

"Is at you, Angus?" I creepit inside a side ward o the Dundee hospital faur lay fower aul mannies, three o them I didna recognise bi their faces, bit the fourth hid pyjama jaiket wide open, for it wis rale warm in there, an a bonnet ons heid wi the snoot sheildin his een fae the sun.

"Ay, Rob! Fit like?"

I shid o kent, for Angus Fitchet, the dapper Dundonian an een o oor top fiddle players an composers, wis nivver athoot his cape. The man wis far fae weel and he kent his time wis comin, bit the spirit wis there an we hid a fine news wi music an humour aye tae the fore.

I reca'd the time, for instance, that he got the better o me on the radio fin I speir't at him which type o tunie he likit tae play best. Wid it be a slow air maybe or a march or jig?

"Oh," he said, "I like tae play the slow airs best o aa, an I myn playin in an aul folks' home ae efterneen. I stood up tae play a slow air, an fin I play an air I aye shut ma een. Aa I cwid hear wis the shufflin o feet an I thocht tae

32

masel that I'd made a mistak startin wi that. Fin I open't ma een, there wis only ae lady left in the lounge so I went up tae her an ventur't that she maun be a lover o slow airs, tae which she replied: 'Na, faith ye! Somebody's stolen ma zimmer!'."

Wi a hint o surprise in's vyce, he tellt's he hid jist hid a veesit fae Jimmy Shand the day afore, an he wis fair trickit wi that. Angus played in Jimmy's band for a number o eers. On Jimmy, a eer auler than him, speirin foo he wis, he got the reply: "If I'd kent I wis tae live as lang as es, I wid o taen a better guide o masel!"

It wis on a tour wi Jimmy tae Australia that promptit his neist upcome. At that time, maybe still the same noo, veesitin musicians hid tae sattle their tax affairs afore they were alloo't oot o the country. Angus didna wint tae pairt wi ower muckle os hard-vrocht playin siller an made oot a list o expenses includin a pair o gloves . . . an this in the middle o an Australian simmer. The tax mannie naiterally wid query es, to which Angus in aa innocence said: "Ah weel, I jist canna play the fiddle wi caul hauns!"

Ach, I cwid go on and on, for sic wis the news we hid. As I wis leavin, I wid pit back the cheer tae the eyn o the ward, tae get the pairtin shot: "Hiv ye nae furniture at hame?"

I wis back in Dundee again es last wikk tae attend his funeral service along wi musical freens fae aa ower Scotland. Angus wis a maist lovable man, sae enthusiastic for's music an fun richt up tae the eyn. I speired him eence foo he wid like tae be remembered; the playin or the composin? Modest as ivver, he didna think it wid be the playin, but hopit that his tunies micht still be played efter he wis awa.

There's nae dootin that an I coont his "J.B. Milne", "Mr Michie" and "Lament for Lockerbie" as equal tae ony. Yes, play on they will, an a fine tribute tae the dapper Dundonian.

Finally, wi the eyn o Mey in sicht, lat's pit the lid on the subjec o the wither sayings that's taen up space in es column lately.

Norman Fordyce, o Faithlie Home at the Broch, wrote in again wi anither aul-farrant rhyme.

Tho the speedwell flooers
Sic bonnie blue
An ticht in the buss
Sits the cushie doo
Syne the Nor-wast
Sens a wintry blast
Fae the sleekit Gab o Mey.
See ye neist wikk.

Though never getting the accolades deservedly bestowed on Sir Jimmy Shand, Angus was also a major force in the Scottish music scene and a most lovable man.

Surely a time
tae draa breath

17 August 1998

The town secured by folk that warsled
With water, earth and stone; quarrying

Aberdeen, The Granite City, by George Bruce

Here we are rummlin on at a fair lick towaard the neist century, yet oor Granite City itsel dasht near smor't tae a stanstill at its verra gates wi the steer o modern traffic. It's time surely tae draa breath an nae ging heid-first inta ill-thocht-oot schemes we may live tae regret.

Sic thochts cam inta ma heid as I did a bit o catchin up on ma readin an browsin throwe Robert Smith's updatit beuk o the *Granite City: A History of Aberdeen*.

Man, it's fascinatin readin interweavin the growth o the city fae a toon o 10 crookit streets tae the community it is the day, wi fine anecdotes an acknowledgments tae aa kyns o fowk fae designers, dignitaries, writers an characters.

Tak the verra hairt o the city itsel. Far the Adelphi is noo eest tae be the tap o St Catherine's Hill, chappit aff like the tap o an egg tae mak wye for the biggin o Union Street an King Street, wi the brig ower the Denburn pavin the wye for the later wark o architects Simpson an Smith tae design fit wis eence describ't as "one of the finest streets in the empire".

35

We're spikkin aboot the start o the 19th century, an Union Street then on its sooth side wis markit wi a brick waa far ye peekit doon on the Green. The reefs o some o the hooses stuck up abeen the level o the street an hooseholders seen fun a short cut bi pittin doon plunks o wid fae their attic windas tae the new thoroughfare!

The biggin o Rosemount Viaduct wis anither maist important development as the 19th century near't its eyn. Gradually, Bob Smith taks in aa the bitties o the jigsaa linkin "village" tae toon fae ilka neuk.

Aye anither licht story is thrown in sae skeely-like tae keep wir attention, an I div like the een aboot Queen Victoria an her big tae.

We're taen tae the Music Hall an inside the foyer there stauns the Queen hersel. It wis durin restoration wark that it wis fun oot that Her Majesty hid a big tae missin an they thocht on replacin't wi een fae anither statue o her, only tae discover she wis weerin slippers on that een. In the eyn, it wis decidit tae tak a cast fae a real fit. Look closely an ye'll see the tae keekin oot fae aneth the Queen's robe. Look again wi a sharp ee an ye'll fin oot it's a thochtie oot o proportion for the big tae belong't tae a fit that took a Size 10.

I winner fit the aathor o an update Granite City 2098 will hae tae tak intae account. Cwid the rate o progress, if that's fit ye ca't, match that o the century jist slippin by? Fit wis richt an fit wis wrang? They surely winna demolish mair historic biggins an landmarks, knockin past history tae crockaneeshin.

Examples o richt an wrang cam loupin oot o Bob Smith's beuk. The Gallowgate hyne back wis suggestit as becomin anither Edinburgh's Royal Mile. If only the ootside o the Co-opie hid been left alane.

On hindsicht, wid we hae hin less o the "curn o spunk boxes" biggit as described bi A.M. Davidson in his poem "wi nae sowl, hert nor face"?

The morn's aathor cwid dee waur than tak Bob Smith's beuk doon fae the shelf. The future lad's research his been daen for him an you shidna let it gither stue either. It's weel worth a read.

Finally, anither tale fae a maist interestin passage on the aul tenement blocks wi "life a sink at the window, a bed recess in the corner and a shared lavvie on the landing". Wee Tommy Mitchell, afore he becam Lord Provost, wis findin it a sair tyauve collectin rents in Union Grove.

"Times are bad," moan't ae hoosewife pintin her finger at a raa o patch't claes on the washin line. "Look oot there. Look at aa the lang draaers an nae airses."

Tommy hid a keek oot o the winda an conter't: "It cwid o been worse. It cwid hae been aa airses an nae lang draaers."

See ye neist wikk.

I've always been a great admirer of Bob Smith, the former editor of the Evening Express. His research is always so meticulous and the writing so interesting.

Rituals that are a thing o the past

Monday 1 November 1999

Some merry friendly country folk
Together did convene
To burn their nits an pou their stocks
An haud their Hallowe'en.

Halloween, by Robert Burns

"Come awa in!" Esma gaed tae answer the door bell on Setterday nicht as I sat seethin at the referee an's fustle aye blawin in tune wi Rangers that clean connach't ma efterneen. In comes es shy young lassie o eicht eer aul, a quinie I hid nivver clappit een on afore. She wis dress't sae braw in a bocht witch's cloak an matchin mask and her mither wid wyte ootside the door for her.

"Weel then, Mary," said Esma (gettin the name oot o her wis like draain teeth), "what's your party piece?"

"My what?"

The lassie didna unnerstan. It's on tae some American caper nooadays ca'd Trick or Treat. Hooiver, efter a bit o coaxin an the thocht o the reward for her pains, we got Humpty Dumpty oot o her an aff she gaed rejoicin wi an aipple, a sweetie an a penny or twa. Fin I speirt fit wye she hid pickit oor hoose, she leet dab that it was a good place tae come last eer! The wifie's aye been a saft touch in sic things.

Bein awa fae hame aa day yesterday, we didna hae the dizzens o last Halloween (the wird seen gets roon), bit I did object then tae littlins an their mithers traivellin oot fae the toon an ower the brig jist for a penny an a piece.

Cheeng't days! Fit's Halloween onywye? Weel, Hallow Day is All Saints Day an Halloween the nicht afore. Gyan centuries back, it wis associated wi the pooers o darkness an the supernatural an celebrated bi muckle bonfires harkin back tae the burnin o the witches; ay, that afore Guy Fawkes an's Gunpowder Plot o November 5, 1605.

In the beuk "Bygone Days in Aberdeenshire", bi W. Allardyce, we're tell't that witches found guilty o haein the supernatural pooers were brunt thegither in bonfires stackit wi peats, an this goin on still in the mid–17th century.

Burns' poem on Halloween wi its ancient customs wis wivven roon stories an legends handit doon fae his faimily, some o the rituals survivin lang efter mang traivellin fowk.

He tells o the coortin rituals in the celebration o Halloween wi lads and lasses puin castocks o kale tae match the intendit's een an foo they chuckit nuts in the open fire hopin they wid spark an loup oot at the feet o the lad or lass o their choice; something like the drappin o a hunkie, the rings in the dumplin or the furlin o the knife on the table in bairns' play o my time.

Oh, foo I likit ma Halloween nichts an the preparation wi the howkin oot o the neep lantern, aye makkin sure ye didna scoop ower near the edge. Syne the yarkin o the knife inta the ootside cuttin oot muckle ganners o teeth, a hole for the nose an twa for the een. Lugs o oo were preen't on tae the side, a bit string for a haunle an the croonin glory o the lichtit caundle an the lid clappit on.

I myn foo jealous I wis ae eer fin we took aa wir neep lanterns tae the skweel tae discover that es twa bairns' mither wis affa skeely at art and she hid carv't oot skin-deep wee pigs, coos an sheep, aa roon the neep. Affa bonnie, I'll admit, bit fin compar't tae ma "Lauchin Cavalier", weel, ye'll unnerstan foo the birse wis up.

Sadly, these days are gone, at least in the toons an villages, for a body is feart tae leave their door ajee an ye daurna alloo yer bairnies oot on the streets alane. Aathing his tae be organised wi pairties.

The neep lantern is noo superceded bi a pumpkin. At's nae oor tradeetion, an I hear artificial eens that licht up are creepin on tae the superstore shelves . . . onything tae mak siller an rype eence again the mither's purse.

The excitement o makkin yer ain will be tint for ivver, bit bairns nae doot will still enjoy their Halloween the same as we did, even tho they ken even less o the tradeetion an the folklore.

See ye neist wikk.

The beginning of the column would suggest that perhaps the Dandy Dons had lost once again to Rangers.

It's nae loss fit a freen gets

Monday 24 January 2000

And it's come tae Inversnecky
When the bloom is on the heather

Archie Hislop

It's nae loss fit a freen gets! Amang the kirn o orra trock that fills my den (an oversized gloryhole far naebody's welcome bit masel), a space his been clear't that I thocht wid nivver happen, wi the passin on o a muckle signed photo in a frame an some 40-odd prized 78rpm records.

Annie Inglis is a persuasive lady, bit again fa widna succumb tae her charms? There wis a celebrity roup in the Arts Centre in Aiberdeen, jist een o the ferlies tae raise funds tae keep it goin an, if coorse, ye'll myn on the stooshie a twa eer syne fin there wis word that the cooncil wis tae close it doon.

On the phone a wikk or twa back cam Annie, that linchpin o the Arts Centre an a lady fa's gaen the feck o her life tae the arts in oor toon. "Hiv ye ony memorabilia ye cwid maybe gie tae the auction?" That wis the objec o Annie's phone call, an richt awa, athoot thinking, I said: "Fit aboot Harry Gordon, the Laird o Inversnecky?"

The time hid come tae pairt wi ma hero, the comedian I first heard as a loon on the aul Scottish Home Service on the wireless an on the Beltona an Parlophone 78 records.

43

I runkit oot the fower fit by three photie o Harry as a dame that hid pride o place in Mrs Jolly's Music Shop in Queen Street. Oh, you auler fowkies will myn on't as Neil & Co., an some will still hae the distinctive 78 covers wi the firm's name emblazon't on them.

I got it fae the dear lady hersel as a keepsake fin, alas, she gaed up the shoppie that wis a meetin place for us musicians an comic singers in the Fifties an Sixties on a Setterday efterneen efter a drouthy dram in the Volunteer Arms run bi Ned Broon. Ah, the memories! Only a picture in an old picture frame? Na, it wis a lot mair tae me!

Then the collection o Harry Gordon records. There were 46 double-siders on the Parlophone label.

That ither grand man o charity fundraisin for the blind, Duncan Simpson, sellt some o his tae ma aul freen an BBC producer, the late Arthur Argo. In turn, efter tapin them aa for the BBC archives at Beechgrove, I bocht them fae Arthur an there they hae lain in ma den for the past 20 eer.

Harry Gordon bein evictit fae the Shepherd hoosehold! The Laid o Inversnecky bein pass't on! Weel, hopefully tae somebody that his the same pride an memories as me o the comedian that brocht sic fame tae Aiberdeen.

The imaginary village o Inversnecky. Noo, far did it lie? Harry cleared up the mystery years efter he pit it on the map bi exclaimin: "Ye gang oot there for sixteen miles" he said pyntin the wye o Donside/Deeside, "an ye come tae a signpost. On ae side it says: 'You are just entering Inversnecky' and on the ither: 'You are just leaving Inversnecky' It taks ye an oor by train fae Aberdeen and an oor an a half by bus, an if ye wait for a lift, it micht tak a lifetime."

Oh, an his one-liners! Like the wifie at the kirk bazaar

that hid as mony double chins ye thocht she wis lookin ower the top o a plate o pancakes.

On the golf course at Balnagask: "Tell me, what's Bogey here?" said his opponent. "Oh, jist thrippence-ha'penny an ounce."

So that's Harry ready for the kirk bazaar. Ah, bit haud on; there's a fine Beltona 78 cabinet daein naething in ma garage. A record player on four legs wi fancy desk tap an doories at the front tae regulate the soon. Needles are still available bit, is ma sister-in-law fun oot recently, a wee metal box haudin bit jist 50 needles, will knock ye back £16!

Wid I daur? Wid I daur? Mak me an offer an I'll be on the phone again tae Annie.

See ye neist wikk.

There was nobody to touch Harry Gordon with his North-east humour centred on the village of Inversnecky. I'm glad my collection was bought by Craig Pike, who carries on that tradition on the live stage.

Flora fram't braa picters

26 June 2000

I wis a student at King's
Ma folk hid a craft in Glenardle

The Professor's Wife, by Flora Garry

"Fit like a mornin?" The wirds were sae practical tae a young quine anent the fram't verse in stitchin on the wa bi the washstand in her fowk's spare bedroom at read:

> Begin the day with God
> Kneel down to him in prayer . . .
> End the day with God

"Fit like a mornin?" an"Fit's the nicht gyaan tae dee?" Noo, at wis mair her fowk's spik, wi God anither dimension aathegither, nae sae urgent an mair than aften relegatit tae Sunday an the spare bedroom. That wis the wardle o a young Flora Garry, a wardle sae imprintit in her myn wi its restrictit landscape an the tirraneesin wither in the hairt o Buchan.

For her, it wis the skirl o the peesies awa ower the broon parks in the caul spring gloamin, the drifts o the bog cotton in the moss, the stookit hills in the aatumn, the fite wilderness o winter an lookin wastwards as she describit "that hill for all seasons, Bennachie, definin the edge o the world, the ultimate point of reference".

Picters, braa, braa picters fae that scene were later wivven inta her ain fram't tapestry in the verra rich true Doric spoken bi her mither and faither.

It wis a remark heard in her granmither's kitchen that inspir't Bennygoak, my favourite o aa her poems. Granmither wis sayin tae a neebor: "The man's fadder hid tae tak it in fae the hedder an the funn."

She wrote: "These words lay at the back o my mind for forty years and then, when a poem had to be written, they came to life and began to work like yeast, generating their own power." What vision, what power ower the spoken wird o Buchan.

In March o last year, I wis tae write in es column o the pride I felt in bein invitit alang wi Jack Webster, Charlie Allan, her ain faimily and freens tae her last hame at Dalginross House in Comrie fan Flora receiv't the honorary degree o Master of the University of Aberdeen.

Man, foo the een sparkl't, the face wreath't in a bonnie smile that brichen't up the hale room. I'll nae forget, eether, foo she spak o me as jist the name at the heid o the column in the P&J. Takkin aathing in, indeed.

Sadly, jist a feow months afore her 100th birthday, Flora slippit awa peacefully at Dalginross House far she wis affa weel lookit efter. Tae the eyn, she hid her sharpness o myn an sense o humour that hid bidden wi her aa her days.

Flora Garry maun rank alangside Charles Murray in her ability tae work wi the naitural tongue an mak the livin Doric o the time staun aside the best o literature in ony language.

She didna start writin poetry till later on in life. She wis ower busy enjoyin herself. As a young student, she hid plenty o admirers. It wis as a teacher at the age o 25 at Strichen Secondary School that a pupil wis heard tae remark: "At canna be a teacher. She's ower bonnie!"

She became The Professor's Wife bi mairryin Robert Garry, Professor o Physiology at the University o Glasgow.

We wha haud sae dear the mither tongue o the North-east will ivver be in her debt for leavin us the stories sae weel structur't an written o the life o her an her fowk's time wi nae glossin ower the sair bits scarr't wi the tyauve o a wye o life.

Her ain apparent chosen epitaph sums her up: "Here lies Flora Garry, much against her will." Ay, a life weel spent ower near a hunner eer. God bless ye, quine.

Noo, on the Doric spik, I wis teen tae task bi een or twa at the recent festivals at Strichen an Keith ower ma English translation o Coup-The-Ladle as being a seesaw.

"Damn the lenth!" say ma Buchan experts at play't the game in their young day. It's a simple ploy far twa o ye staun back tae back, linkin airms, an the winner is the een that lifts the tither aff their feet an ower their back.

Maun, ye learn something ilka day.

See ye neist wikk.

I write this in sincere tribute to a dear lady and a great link in the preservation and continuance of writing in the rich Doric prose and poetry. Yes, and I did get Coup the Ladle, the bairns' game, wrong.

Meenit that brocht a tear

4 September 2000

Sweet memories tae me sae dear
O Braemar Highland Gathering

Jock Morgan

Aa by an deen wi! It's the eyn o anither Games season an, dasht, I'm beginnin tae accept that the tag o "veteran" commentator is richt! I myn fin the likes o Bill Anderson, Henry Gray an Bob Aitken were competin, they eest tae hit back in the middle o the park fin I peen't that tag on them, sturdy cheils nae muckle aaler than masel.

Weel, a lot o watter his gin aneth the briggie since syne an it's gran tae see the tradeetion o Heilan Games keepit up wi the sons o Bill an Bob comin throwe in es generation.

Takkin ower the hale season on the Grampian Games circuit, we hae come oot nae bad as far's the wither's concern't, the twa warst mornins for me bein the hinmaist twa at Lonach an Setterday's Braemar. Wi a mike in ae haun, folders in the tither an restrictit wi a tippet happin the new jaiket, I thocht I wid hae tae sen for winscreen wipers for ma glesses at ae time!

Oh, an spikkin o the jaiket, it's jist as weel that I hae es Monday column tae pit the record stracht noo an an fin last wikk, I explain't ma protticks an panic gyan atween the Mairch wi the Lonach Heilanders an a waddin syne back i the toon.

49

A feow fowk menchint that they miss't me fin the Lonach Men gaed roon the park twice i the efterneen addin, till they read ma screed, that they thocht I hid fooner't mang the drams an landit i the horse an cairt that treetles on ahin for at verra purpose!

Ower aa the eers I hae been commentatin at Braemar, I hae tae say I hinna sensed the biggit-up emotion like that on the Queen Mither's presence es eer.

Ye cwid jist feel the mood o the crood an it didna tak ony wirds fae me. The climax o the genuine affection cam wi the crood's reaction tae the massed pipe bands comin tae a halt jist at the Royal Pavilion, stoppin a thochtie efter Scotland the Brave, syne the hale jing-bang o pipes an drums laanch't inta "Happy Birthday".

At wis a touchin meenit bringin a tear tae mair een than jist mine an a memory I'll cairry o Braemar. Myn you, I hid a hairy meenit at that time, tee, as I read oot ma scribbl't wirds o welcome tae the Royal Pairty.

I hid, as usual, set it oot afore I left hame i the mornin wytin for confirmation o fa wis an fa wisna tae be there, bit the wird "centenarian" cam inta ma screed.

Aa the wye up the road the wird bother't me, an I even score't it oot an pit in in bold capitals CEN-TEN-ARIAN tae get by at this, the maist nervous meenit or twa I hae at the mike.

Ee've guess't! Ay, I did mak a hyter o't bit, losh, naething tae the gaffe I made at ma very first as commentator aa ma leen at Braemar fin I wid follow ma predecessor G.B. Lowe an bring in the pipe bands wi the Gaelic for a Hundred Thousand Welcomes! The Gaelic fowkies widna an didna ken it as their ain tongue! It's been a hunner thoosan welcomes sin syne!

Myn ye, on the "Auntie's Bloomers" theme, ma boo-boo at the Fetterie Show es eer taks a bit o beatin. Es bonnie young deemie, Fiona, wis daein a demonstration o a new equestrian sport brocht ower fae America an cam tae see me afore haun tae rin things ower. As we spak, es fower-eer-aal quinie keepit tuggin at Fiona's dress an interruptin.

Dasht, efter the demonstrator gaed awa, back comes the bairn speirin ower an ower for her mummy. I tellt her tae bide far she wis an I wid seen get the young mither back wi a message ower the mike.

I appeal't syne for Fiona tae come back an collect her frettin bairn. In she comes wi a queer look on er face an said: "I don't know what my husband is thinking; we haven't any family."

Noo, fa wis at bairnie that hid a commentator fair tongue-tied an speechless?

See ye neist wikk.

Such are the joys and pitfalls of being a games commentator. The reference to the new jacket was that it got a soaking in the morning on the march of the Lonach Men and had to be rapidly "laundered" for a late-afternoon wedding back in Aberdeen.

Tivoli posters brocht it aa back

11 September 2000

Rollin in the heather
No matter what the weather

The wirds an the sang itsel cam eemist tae ma myn fin I steppit throwe the gran entrance o the Tivoli Theatre on Setterday dennertime. Damnt silly wirds an aa. I mean: "Rollin in the heather no matter what the weather when a heilan laddie falls in love."

I'se warran the wirds o the day's hits are jist as gypit if only we cwid mak them oot abeen the soun, bit "Rollin in the Heather" wis Calum Kennedy's openin sang an fairly woo't the aadiences at the gweed aal Tiv.

It wis Calum I hae tae thank for allooin me tae first step on tae the stage o the Tivoli wi the Garlogie Four (weel, at the suggestion o Andy Foley, the theatre manager at the time) fin I hid been singin some o Jimmy Wright's sangs like The Alford Cattle Show an The Learner Driver.

So fae Jimmy, tae Andy, tae Calum, aat wis the start o mony happy appearances in the theatre, an the posters adornin the wa's on Setterday's Open Day at the Tivoli brocht it aa back.

I jist didna ken fit tae expec as I steppit inside an got a bit o a begaik tae see the stalls area aa set oot in fixed tables an cheers. Fit for? Bingo, iv coorse, bit at least the

52

inner structure an fabric hae bidden the same. It his tae, thank the Lord, cis it's an A-listit biggin.

The Tivoli startit oot as Her Majesty's Opera House awa back in 1872, the verra first theatre tae be biggit o concrete, tho the maist impressive front is o Peterheid granite an Turra freesteen. It wis only in 1938 efter a complete refurbishment an cheenge o owners that plays an pantos were alloo't. It hid been a toon-cooncil decision afore that nae tae gie opposition tae the swanky His Majesty's Theatre up the road.

I gaed in tae the strains o the Sweet Adelines chorus up in the circle singin tae the fowks at their tae on the stage; a fair turn-roon, bit, oh, fit a great atmosphere wi fowkies millin aroon. I jist wish I cwid o spent mair time wi es een an at een, bit I wis there wi ma producer Jennifer, microphone at the ready, for a Sunday-mornin feature for Reel Blend on Radio Scotland.

The fowkies I bumpit intil aa waur sure o ae thing: they missed the Tivoli an wintit it back. Robert Wilson wis the name on maist o the auler fowkie's lips, wi Calum an Jack Milroy also tae the fore.

Aa the wye fae Glesca wis tenor Alexander Morrison, fa made a feow appearances wi different shows, an Irene Sharp cam an introduc't ersel. Regular Tivoli-goers fondly myn on Torry loon George Cormack an his wife as singin partner: Cormack an Sharp. Sadly, George died nae that lang syne. Then there wis little Doddie, the theatre fireman, lookin as dapper an spruce as ivver, admittin tae bein noo eichty-one eer aul.

I dinna ken fit the fire-regulation billies wid o thocht o the time Johnny Victory wis short o somebody tae play a gorilla an ropit in Doddie, the perfect size for the ootfit. Imagine the fire alarm gyan aff in the middle o the performance an a gorilla leadin the fowk tae safety!

Jimmy Littlejohn wis a stage haun awa back an he wis there wi a new edition o's beuk, "The Tivoli, Aberdeen", bringin things up-tae-date, an a dasht interestin read it is an aa. He brocht back tae me a show I pit on masel for twa wikks in May, 1963, ca'd "Northern Lights". The cast includit Bobby Watson dancin jigs tae his ain accompaniment, an soprano Helen Manson, sister o accordionist Aileen noo in America. Oh, ay, an a heize o musicians makkin up the Inverurie Show Band. Happy, happy days.

A steerin group his been quaetly wirkin ahin the scenes on the feasibility o re-openin the Tiv an I wish them aa success. That we need a middle-size't theatre there can be nae doot, an kennin noo some o the fowkies involv't, it'll get a gey thorough owergyan afore ony decision is made.

Nostalgia gaurs me wint it tae succeed at the Tiv, bit reality is a different yoke. Time will tell.

See ye neist wikk.

I have many happy memories of my own days treading the boards at the Tivoli Theatre, Aberdeen, but it seems the dream of re-opening is as far away as ever.

We'll nivver see his like again

8 January 2001

I've danced tae mony a different band
But nane comes near auld JIMMY SHAND

Jim Ritchie, Blairgowrie

A Happy New Eer tae ye! A thochtie latchie kyn, I ken, bit es is ma first screed since aul father time shochl't oot the back door on Hogmanay. An, michty, fit a Hogmanay it's been for me; sae muckle packit inta the feow days at I'm jist gettin back tae normal noo.

It promis't tae be a quaet time, syne cam the sad, sad news o the daith o Sir Jimmy Shand, the finest musical ambassador oor country has ivver kent. The news broke wi a phone call fae Jimmy Jun. on the Setterday mornin afore Christmas so, athoot a thocht, it hid tae be aa hauns on deck as ma producers an masel chang't baith *Take the Floor* an *The Reel Blend* as a tribute tae the great man.

So fit is er tae say at hisna been said afore? The amount o letters an phone calls I hae gotten since jist pits the tap shaif on. There will nivver be his like again as regards his influence on oor dance music, an story efter story o kindly deeds wi unsocht praise gies the measure o Jimmy as a hameower man wi a hairt o gold.

I first met Sir Jimmy fin I wis an aspirin compere a bittie weet ahen the lugs and I hid tae introduce him on

55

stage. Knockin shy kyn at his dressin-room door, I wis invitit in wi a "come awa in, son", an I tellt him I thocht I shid introduce his first tune as well's the hoosehold name an let him get goin wi's playin.

"Ah weel, ye micht hae some job there, son," he said, then he slowly reel't aff the name o a pipe mairch. Some job? I memoris't it ower an ower again an still hae't imprintit on my myn some 45 eer on. It wis "Dr Ross's 50th Welcome to the Argyllshire Gaithering."

Ma main contac, tho, cam fin I startit broadcastin an I'll be forivver gratefu for his encouragement an his ready help fin I hid yet anither query I socht an answer til. Advice aye cam wi sincerity an a real interest that wis the makkin o the man.

That he wis the main influence, alang wi Niel Gow a twa centuries afore, on the Scottish dance music we ken the day there can be nae doot. It's simple music, oor music, an the maestro took the humble bothy instrument inta play, upgradit tae his ain specification (the Shand Morino) and the day maist bands are led bi the accordion.

Jimmy, it wis, that kept the music on the richt rails wi that maisterly timin an a soun that nivver chang't nae maitter fa wis in the band. "I jist play tae the feet o the best dancers in the hall," he wid say in yon modest wye. Ay, we owe a tremendous debt tae Sir Jimmy.

Syne in aa the steer o the time, I hid tae keep the news o ma ain award tae ma nearest an dearest, an in answer tae a feow o ye: no, Sir Jimmy didna ken o my MBE. Thanks tae aabody for the messages o congratulations. I'm smor't oot an it's impossible tae reply tae ilka een.

Myn you, it's fine foo a body gets taen doon tae size

as quick's they clim the laidder. I hid tae lauch at a clippin fae last wikk's *Northern Times;* an I ken the mannie fine that writes the column. "Robbie Shepherd's wonderful radio tribute to the great Scottish dance-band leader Sir Jimmy Shand brings to mind an occasion when Robbie himself was more than a little perplexed.

"Having attended a ball in the Old Marcliffe Hotel in Aberdeen, he returned next morning with Armadale's Hamish Mackay in search of his missing kilt pin.

"As he hunted under chairs and tables in hall, dining room and ballroom, another guest reminded him that he had attended the previous evening's function in a midnight-blue velvet suit."

Nivver spile a good story bi stickin tae the truth, bit I some doot I maun accept a freen's meanin o the MBE (Man Behind Esma).

See ye neist wikk.

I make no apologies for re-introducing Sir Jimmy Shand to this book. He was simply the best and so humble despite all the success and adulation that came his way.

Interwheecher an stoorsooker: new wirds in the aul tongue

2 April 2001

Faur's the bonnie dialect
That aince wis spoken here?

Tempora Mutantur, by Charles Murray

"Ma hairt wis stoon't wi plaisure," tae quote an aul sang. For guests a twa Sundays by on ma radio programme, I hid Iseabail MacLeod an Matthew Fitt. Fit? Ay, at's his name: Fitt. Nae April Feel joke. An the bonnie birlin wirds are nae deid. Far fae't.

Aye the tither upcome is documentit, checkit oot an, if verifeet, it's added tae the muckle collection at maks up the Scottish National Dictionary. Matthew, the aathor o a space-age novel in oor ain wye o spikkin, ca'd "But an Ben A-Go-Go", cam up wi twa toppers, bit I doot if they wid ivver be clappit in the pages o the muckle beuk.

A "stoorsooker" wis the first een. Oh, michty, the description fits jist like a glove, an dis awa wi the commercial advertisin attach't tae the wird Hoover. Syne in es modern age wi e-mails fleein aa roon the warl, he cam up wi "interwheecher". Myn ye, his wirds shid maybe gyang doon in print as it serves as a peg tae hing a bonnet on fin the history o the time is taen throwe han.

59

I'm aye fair shuitit tae get yer letters in response tae es mornin screed and bi far the biggest postie's pyoke es filie back his been the wird "swadge": tae sit back an lat the stammick sattle efter a muckle denner. I did say then that that wid be the hinmaist wird on't, so lat's meeve on noo.

Kate Tawse, o Turra, hid been harknin tae the aul ballad "The Hairst o Rettie" an swither't ower the lines o: "A monthie an a day ma lads, the like wis nivver seen, it beats tae sticks the fastest strips o Victory's best machine." An syne: "A Speedwell now brings up the rear, a Victory clears the way, an 20 acres daily yields nor stands to Willie Rae."

Jist dauchle a meenit. Ay, that's social history doon in print better than ony lesson at skweel. Eence again, the ballads collectit bi Gavin Greig an James B. Duncan are tellin's o the wark on the fairm in bygone days.

Rettie wis a fairm up bi the Banffshire coast an grieve there wis Willie Rae fa's brither wis John S. Rae, the "Bard o Banffshire". Gavin Greig wis tae meet up wi John on's traivels collectin the sangs o the rural life. He recordit in's notes that "there is a lot in little. I had the pleasure of meeting the poet when I was driven over country to Burngrains and to show how hereditary is native ability, I may mention that a daughter follows her father in paths poetic".

I tak that tae be Elsie S. Rae, fa screiv't the fine poems o the first warl war, the best kent bein Private John MacPherson. Am I richt?

Losh, the hale hairst scene o the time comes loupin oot at ye fae the Hairst o Rettie lang, lang afore the comput-eris't combines cam on the go. Combine seems an ill-farrant wird tae describe the combination o aa that the reaper, stooker an separater o strae and seed did as different jobbies. Prizes for the Doric for "combine"?

Hooiver, it wis the wirds "Speedwell" an "Victory" that took Kate's attention. Ay, Kate, ye're richt; they waur types o machines used at hairst-time, richt eneuch.

I socht the advice o ma gweed freen Gordon Easton, o Tyrie, fa sings "The Hairst o Rettie", an fairmin wyes hae been handit doon throwe his faimily. Baith were commercial names for a reaper, takkin ower fae the sickle awa back at the eyn o the 19th century. Een blawin oot tae be better than the tither. The Speedwell beatin tae sticks the faistest bouts o Victory's best machine!

History lessons wi pleesure are aa in the auld ballads, an I feenish wi a query fae Deirdrie McAinsh, o Mountblairy. She's puzzlin ower far the line in a sang or poem "The Dee an the Don an the Deveron" cam fae. That's a tall order, tho nae doot some o ye can help.

See ye neist wikk.

The Dee an the Don an the Deveron? The answer, unknown to me at the time, came out of this very column. It is part of a poem by Elsie S. Rae called "A Lament – Neuve Chapelle – March, 1915".

> *"They sleep afar from their Scottish homes*
> *By the Deveron, Don and Dee."*

A fleet-fittit mannie fa'll bide lang in the memory

4 June 2001

Slowly at first with hands on hips
I danced with ease and grace

MacAllister – Highland Poem

Losh, he wis a fleet mannie, immaculate in dress an cocky wi't an aa on stage. Ay, the name o Bobby Watson an the picter o the prood man as a heilan dancer on stage will bide lang in the memory o aa that haud oor Scottish traditions tae hairt.

It wis a rale treat for me the ither wikk tae be doupit doun wi a sma aadience harknin tae a lecture bi Dr Alison Diack ca'd "Between the Jigs and Reels: discovering Bobby Watson". Alison wis a pupil o Bobby's for 13 eer fae the mid-1980s.

The lecture wis organis't bi the Freens o Aiberdeen University Library as pairt o their annual general meetin, an mair or less a taster o fit will be made available at the university o the memorabilia on the career o een o the finest heilan dancers es country his produc't.

Alison is warslin throwe the material aenoo, giftit tae the university efter his death, an the eident lassie his been roon a feow o's that kent him weel, wi her tape recorder for audio material tae add tae the collection.

Mony a stage we shar't thegither, Bobby an masel, the

hinmaist at the Auld Meal Mill in the Capitol Theatre in November, 1997. That wis tae be his swansong.

Bobby wis born in Aiberdeen at the start o the first warl waar an grew up athoot kennin his faither, an early victim o that hellish time. His mither hid a dancin skweel, Madame Watson's, an it wisna lang or the young loon wis bringin hame major medals for his skeely dancin, pride o place a "gold" at the famed Cowal Gathering afore he wis in's teens.

We micht o lost his talent aathegither as he went sooth tae grace the major stages wi ballet an dancin revues. That wis far he met an mairrit Mavis, a dancer as weel.

He made's Tivoli debut in 1936, comin back tae his reets as a member o the Brighton Palace Pier Follies, bill't as "Aberdeen's Latest Discovery". Jack Anthony made his Tiv debut in the same show.

Tae oor great fortune, he then cam back tae bide tae tak ower the rinnin o his mither's dancin skweel, an it wis in his dedication to that side o's career that we shid be maist gratefu til him.

For eers an eers, as weel as teachin fae his ain studio in the toon, he treetl't up an doon the Deeside road wikkly tae Braemar an Ballater, an village halls dotted aa roon the kintraside, the coorse wither nae even haudin him back.

That speecial gift o his saw him in kintras aa ower the warl, performin an teachin Heilan and Scottish Country Dancin. It wis some 20 tae 30 eer on fae Bobby's debut at the Tivoli Theatre that I wis first tae share that stage wi him, tho we'd been thegither mony's a time afore in smaaer placies.

The show wis ca'd The Northern Lights, an een o the

highlichts wis the fleet-fittit mannie dancin while accompanyin himsel on the bagpipes! It wis only on hearin Alison that I learn't he maister't the pipes himsel jist tae big up on that act.

I hid a wry smile tae masel fin a picter wis produc't o Bobby an's Deeside Dancers taen at a dress rehearsal o a major show. "Does anyone know where and when it was taken?" speired Alison, and een o the famed Deeside Dancers o White Heather TV Show fame, in the aadience, remindit us that it wis in the Tivoli, an taen afore a simmer show at nivver cam aff.

At show wis mine! Typhoid pit a stop til't. I cwidna affoord the financial risk; speecially fin HM Theatre cairriet on wi theirs. Ah, bit they hid Andy Stewart!

I'm gled there is greater awareness nooadays o oor prood traditions an that future generations can acknowledge oor ain dancin maestro through the archives o the university.

Bobby's personalised car number wis NRG 1. Energy No1. That wis him!

See ye neist wikk.

Bobby was just another of the great talents of the North-east who graced the national stage. Let's draw a veil over my cancelled show in 1964 as a result of the typhoid epidemic. Andy Stewart was the real trooper at the time.

The wifie returns fae roup wi jist fit I've aye wintit

18 June 2001

They'd even sell the moose-trap
An the aul slop pail

Bandy's Roup, by James Wright

I kent it wisna sic a gweed idea! Latten lowse three sisters on the haik at the faimily fairm roup wis a disaster wytin tae happen, bit then bleed's thicker than watter!

The wifie drappit me aff at the back o 10 on Setterday mornin at Meldrum Sports and aff she set for the Park at Cluny tae meet up wi the twa sisters, cis naiturally they hid tae be at brither Jimmy's roup, seein an eyn tae the Dickson faimily's tenure ower a three generations.

Weel, I micht o kent fit tae expec fin she cam back tae collect's at nicht an the first wirds were: "Dinna try pittin yer bag in the boot." Even inside the car wis a muckle iron pole takkin up aa the linth.

Noo, jist fit cwid we dee wi sic a bar an fit hid it been used for at wis sic sentimental value? Esma didna ken, bit it wis pairt o a bunnle o orra trock at includit something at wis a faimily keepsake she jist hid tae hae.

I'm richt gled she tell't me, for I'd visions o her maybe borin for ile or tetherin a frisky calfie in ma new design't gairden. The calfie hisna arriv't yet, bi the bye, an I'm feart tae open the curtain in case an aul Fergie tractor's at the door!

Open the boot o the car I did, tho, an takkin up the feck o't wis a muckle black pot wi a lid like the reef o a corrugated-iron shed at hid seen far better days. "Oh! I myn it use't bi ma mam on staim-mull days." Bit fit's the eese noo wi oor freezer stappit foo o tubs o broth an, onywye, wid it haud in?

There wis a lantern athoot a lamp in't an gey short o gless. Afore electricity cam tae the fairm, it wis hung in the byre for muckin oot the beasts in winter-time. Something I've aye wintit!

Noo, she jist hid tae buy the gas mask at belang't tae her Dad fin he serv't king an kintra – weel, Cluny, onywye – in the Home Guard. There hid been five gas masks, een for each member o the faimily except Esma hersel. Something speecial for her! She wis a littlin an fittit inta some ither contraption. A blessin it wisna on offer!

She wid saften the blow bi mynin's o a pairty we wis at nae lang syne fin twa chiels were discussin their ages. "Ay, we were war babies" – takkin a fair moofu o waar – "born in 1940".

"Ay," said the tither lad, "an they dinna come muckle waur than hiz!"

Weel, it's comin oot noo. The three sisters ran riot in a hale wave o nostalgia an, sae far I can list, a rubber wheel for a barra, a mail haimmer, a commode (ay, a commode), the ewer an jug great granda used tae shave ilka mornin wi the cut-throat, a brose caup, lopers – noo jist fit's she gyan tae dee wi that? – a Tilley lump, three Tilley-lump

66

lichters, a gless jar, twa petrol cans, a heavy aul muckle black kettle . . . ach, I'll stop.

Fit did they nae buy? Weel, they didna stump up for the meal girnal that sat in Esma's bedroom till she left hame, or for a bushel. Yon gaed for £85.

They hid a gweed day, bit myn me nae tae flit or fit wid the neebors think fin the auctioneer roll't oot a shavin mirror and an instrument tae twirl yer moustache, on tap o aa the ither orra trock I hae menchint? I beg your pardon, Esma; items o great sentimental value!

We hid a gweed day, tee, at Meldrum an I must thank the committee, Bill Hepburn an the Turra Pipe Band for a tune in my honour. I got a fair stamagaster fin they presentit me wi "The Dunecht Loon" an hid it play't for me speecialy bi the band. It's nae aften a commentator's speechless!

Bit far can I hing the fram't piece o music? I maun leave a spacie for granda's shavin mirror!

See ye neist wikk.

We both had a grand day. But just let a lady loose when nostalgia gets a grip on the emotions.

Fair day as North-easters gather at Holyrood for medals

9 July 2001

The gracious Queen herself
Pinned a medal on my chest
For everyone to see.

MacAllister Dances before the Queen

"We ken fit ye'll be on aboot in neist Monday's column!" It's surprisin the number o fowk that cam oot wi that since ma photo wis in the paper on Wednesday mornin proodly haudin up ma medal.

Weel, I dibber-dabbert aboot gien't a menchin, for it wis a *special* occasion; a fairish day as the North-easter wad say in his maisterfu wye o understatement; a day I'll myn on for the rest o ma time on es earth.

Bit, ach, I'll lat ye intae fit taks place, for aye the ither body wints tae ken aathing doon tae the smaaest detail: the wifie's hat, fit the Queen wis weerin, an fit did she say?

The wifie's hat? Ay, braw it wis, bit jist as weel's it wisna a winnie day or she wid o taen aff, last seen fleein ower the new Pairliament biggin; weel, fit there is o't, onywye.

The Queen's dress? Ye're speirin at the wrang body. Fashion an me are nae muckle acquaant wi een anither, an I wis ower taen up wi nae makkin a mistak on aa the faldarals attach't tae meetin in wi her.

Fat the Queen spak aboot is speecial tae masel, bit she hid a fine easy mainner tae gaur a body relax. Scottish dance music an Sir Jimmy Shand wis taen throwe haun, an ilka body gets a meenit or twa o her time.

Forrit an bow: faurer forrit face tae face so that she can peen on the medal, syne fin she pits oot her haun tae shak yours, it's time tae meeve on! As simple as that, as the high-rankin Army billie tellt's afore we gaed throwe tae the muckle Picter Gallery far the investitures tak place.

We were aa invitit tae tak een or twa fowk wi's an I pairtit company wi Esma an Gordon as they took their seats an I jined wi the ither recipients in dribs an drabs in the drawin room. It wisna lang or it wis hoatchin : 90 fowk in a muckle mineer newsin awa 20 tae the dizzen.

Jimmy Smith, a jovial bus driver fae the Heilans gettin his gong for services tae the toorist industry, fish't me oot as he didna ken onybody there. He plays the moothie an attens the Inverness Accordion and Fiddle Club. In turn, I wis lookin oot for Bill Wyllie, there for services to Robert Gordon University.

Fowk fae aa walks o life were gettin on gran an, losh, I wis surpris't at foo sma a warl we bide in. There wis the likes o Iseabail MacLeod, a guest on *The Reel Blend* early on in the eer an editor o the Scottish National Dictionary, of which I'm noo a prood possessor, thanks tae Esma's generosity on ma pension-day birthday.

Agnes Morrison fae Strachan wis there for forestry an community wark, an a distinguish't-lookin gentleman in grey hat an tails introduc't himsel as James Fisher, fa cam originally fae Keith an heard my lood Doric vyce echoin roon the waas.

An eerie kyn o silence cam ower aa fin wir names were read oot tae line up in order an traivel ben in 10s tae the Picter Gallery. That, tho, wis speecial! My hairtie gaed a thump or twa an I felt my hauns turnin inta lumps o swyte, bit syne a meenit or twa tae cherish an keep aa tae masel.

A day, tee, for the faimily, an thanks tae them for aa they did. We even treatit oorsels tae a fantoosh meal at Gary Rhodes' new restaurant tae roond it aa aff.

Lat me feenish, then, wi a true story as an affshoot tae ma award. Wee Callum hid been doon tae his Grannie's in Airdrie for a wikk, an mither an faither gaed tae collect him, their road hame takkin roon bi Blairgowrie, ower Glenshee an onward bi Braemar. On spyin Braemar Castle, the loon speirt if at wis faur the Queen bade.

"No, she stays at Balmoral."

"And is Robbie gaun there?" wis answer't tae the effect that I wis bound for Holyrood in Edinburgh.

"Will he get tea with the Queen?"

"Maybe."

"Will he get a rich tea biscuit?"

This brocht oot a keckle fae mam and dad an a puzzl't: "Why?"

"Well, he'll be able tae dunk it."

Grannie hid been showin the loon a new caper!

See ye neist wikk.

It was a day to remember for all those attending the honours ceremony. We were a real cross-section, and it saddens me to hear so often the folks who say they have no time for such awards.

A stammygaster at foo feow folk hid haard o swadge

20 August 2001

Fit's a stammygaster?
Fegs, ye dinna ken?
Ye've as little on yer tongue's
The teeth upon a hen!

Mither Tongue, by Sheena Blackhall

I hae teen the chunce tae hae a ca throwe some o the fine letters ye hae been sennin me screivin in yer ain mither tongue. Naething better! Sheena Blackhall, a maister at finnin the richt phrase an the antrin wirdie that's fest disappearin fae oor vocabulary, feenishes aff her poem bi speirin: "Fit's linguistics onyroad? Satty bree or brine! Spurgies cheep an lammies baa. My spik's mine!"

Ay, an that spik can change fae district tae district, fae fish tae fairm, as I fun oot at the start o the eer gettin a stammygaster at foo feow folk hid haard o the wird "swadge". It's interestin, then, tae get the different wirds an spellins fae yer letters, an I'll jist quote een or twa the day.

Lat's start wi Leslie Innes fae the Broch and o fisher fowk. "Nae a bad day efter some o the worst wither ah've seen for July, an nae days for rinnin barfit like ye eest tae dee, an gin it wis real het, the tar wid be kirnin up atween yer taes. Syne hame tae mither, an a paper clairtit wi butter tae tak the tar aff."

Those were the days, and an upcome o his mither fin he wis pitten oot wi shorts or langers wis: "Dinna scushel aboot like that. Lift yer feet." Fit a fine expressive wird is "scushel".

On a different note, I did like anither quote fae Leslie's newsy letter, himsel a fine harmony singer in a male-voice choir, fin he spiks aboot nae attractin the young eens inta that kyn o singin.

Jimmy McRoberts fa startit the Gospel Male Choir movement said singin cam in three categories. Gospel music: fae man tae God and God tae man. Scots or trad-itional music: tae somebody aboot somethin. Modern music: tae naebody aboot nithin! Weel, weel, we'll nae dauchle langer on that!

Takkin doon tae Fife noo wi Andy Duff, o Tarves, and a wird he myns on as "roukit", meanin skint. His uncle used it on a postcard at the eyn o the Yarmouth herrin fishin in the 1930s fin he wis speirt tae sen a bonnie cairdie tae his sister. His boat, a drifter (nine o a crew), hid jist ae cran o herrin for the wikk's catch. Roukit, he wis!

Noo, efter speirin the ither wikk for mair aul-farrant wirds tae test oot ma Scottish National Dictionary, Frances Johnstone, o Dyce, myns the day the vintage larries were at Rhynie an her brither said he wis jist in his "pottystatter". She hidna haard o that wird for a lang time an, tae tell ye the truth, neither hid I!

Fit dis't mean? Weel, in Frances' brither's case, he wis fair in his element. It can also mean that a body's in their prime. Dressed up tae the nines is anither use o't. "Yon's

Janet Horn jist gaen by in full pitistatur. A won'er fat wye she manages tae get sic dress" is a quote fae a bygone beuk.

Noo tae a query fae Dorothy Horne, o Aiberdeen, fa, for nae reason ata, mynt on a phrase an winners if ony ither body myns on't. It wid come up in a news fin a neebor wid remark that "he hidna seen Jock Broon for a gey file. I winner if he's aa richt".

"Och," wid say the ither, "he'll be awa sikkin shearins for fear o a late hairst."

A shearin, if coorse, is a job at hairst time cuttin bi means o sickle or scythe. Fae that cam shearin markets, a hirin fair for harvesters, an even a shearer's bap, a muckle roll o breid as pairt o the maet taen ower the parks tae the hungry cheils, an files weemen fowk, as weel.

At's aa I've time for the day, an I maun apologise for fa'in hyne ahen wi the correspondence. Up tae date, tho, tae feenish wi, a fine letter fae Ronald Duguid, o Echt, fa got a begaik, he tells me, that I hidna heard aboot the mannie at wis "at lazy he widna claw fin he wis yokie".

He his anither een: "He's at lazy it he widna shack fin he wis caul!"

Thanks tae aa that screed tae me in the Doric.

See ye neist wikk.

The old words are so expressive and rekindle the memories. Thanks to all who respond to these columns. That's the great satisfaction for me. Long may the letters continue.

New war wages by the terrorists risks freedom for's aa

17 September 2001

Man's inhumanity to man
Makes countless thousands mourn

Man Was Made to Mourn, by Robert Burns

Fitivver neist? Like the feck o the world's viewers, I sat dumfooner't, tryin tae tak in the sichts near ayont belief that were loupin oot fae the screens last Tuesday efterneen. Sic like is the modern communicator that, nae seener hid ae tower block at the World Trade Centre in New York been hit, than the TV cameras were there tae show's at first haun the second plane burstin in flames on the second tower.

Fit wid young bairns mak o't, I winner't; them brocht up on scary films wi mither's reassurance that it wis aa mak-on; the towers bits o cairdboord an the planes jist toys remotely controll't, aa made life-like wi modern camerawork an technology.

I thocht on days lang syne fin I wis that naïve bairn an steed at the back door o Shoemaker's Cottage, Dunecht, grippin mither's haun bamboozl't wi the sicht o the searchlichts sweepin Aiberdeen miles awa an miles fae danger!

Tam Christie wid ging by in's tin hat an fussle

remindin's nae tae pit the licht on an then oor days in the back parkie pickin up an snuffin the fool-smellin rubber bullets the aul mannies o the Home Guard wid hae been playin aboot wi.

At wis the Second World War tae me then, an it wis only later throwe beuks an picters that it sunk in an I wis able tae unnerstan fit wye the weemen fowk wore black diamonds on the sleeve o their coats as a symbol o the grief o the loss o a loved one on active service.

Ilka wikk in es column, I rack the brain tae try an bring variety in ma upcomes an the uphaudin o the Doric tongue, bit try as I micht the sheer horror o the terrorist attacks in America cam aye eemaist in myn as we still share the sorra an grief o thoosans that mourn.

This wis nae loss o life o servicemen defendin their kith an kin hooivver. The new war is wage't bi the terrorist an freedom as we hae kent it will surely nivver be the same again. Jist fit preserves men tae willinly train, in the name o religion, tae kill innocent fowkies gyan aboot their daily darg an syne be prepar't tae tak their ain lives wi an assurance that they enter the gates o heaven is ayont oor ken.

The mair the advancement o technology shrinkin the warl for access kintra tae kintra, the mair at risk is the freedom for's aa. For instance, we biggit a tunnel aneth the watters o the English Channel tae gie quicker access tae oor Continental neebors, an the only anxiety at the time wis if a dog micht wanner throwe takkin rabies here wi't.

Bit fit comes poppin oot? Breets o refugees fleein their ain torn country sikkin asylum an a better wye o livin, bit left tae winner fit they riskit life for.

The fac that America his gien sae muckle siller tae

backward Third World countries is forgotten in the thirst for pooer an the hatred atween races. Oor hairts bleed for aa that suffer't that hellish death an for them left tae grieve an tae mourn.

Bit there is hope. There his tae be, an awa fae the fearsome picters oor TV screens switch't ower on Friday tae a maist impressive service at Washington National Cathedral. The courageous wirds o President Bush an the leaders o fowk o different persuasions comin thegither in grief an revulsion showed the wye it shid be.

Sadly, aneth the veneer, hidin in the cloak o religion lies the terrorist. Oh, that we cwid get rid o sic picters as the bairns in Jerusalem clappin an cheerin on hearin o the news fae New York and primary-skweel bairnies used as a tug o war atween religions in Ireland. Is it ower late tae change them for their turn as lovin parents?

Ay, the news ower the past wikk his stoppit us in oor tracks as we tak tent o't aa. Let's hope fowk nearer haun the cuttin edge hae got the message, as weel. We're a lang, lang wye fae Robert Burns and his prophecy that man tae man the world o'er shall brithers be for a' that.

Let us pray that come it may.

See ye neist wikk.

Dumfoonert is the only word to describe my initial feelings as the events unfolded. Now it's lest we forget.

Oor music bi Hector MacAndrew bides in gweed hauns

4 March 2002

An opening chord wi lang upbow
The fiddler strikes, syne gently now

Winter, by Charles Murray

Man, the kirk wis hoatchin an the waas dirlin tae the bonnie fiddle music! There we were bi invitation on Friday nicht in Queen's Cross Kirk, Aiberdeen, haarknin tae Paul Anderson on fiddle wi Dennis Morrison on piano playin the music o the late Hector MacAndrew.

It's a feow eer seen noo since that meenister o smeddum, the Rev Edmund Jones, caus't a bit o a stooshie bi rippin oot the intimmers o the aul traditional kirk an replacin them in a mair modern settin. Weel, it wis the perfect settin for oor affair on Friday, the acoustics jist richt for the singin fiddle.

For ower lang, the compositions o Hector MacAndrew hae lain neglectit, bit noo thanks tae son Pat an tae Doug Veitch, a beuk his jist come oot o *The MacAndrew Collection* o aa Hector's compositions and an accompanyin CD o a selection o them wi the playin o the twa we hid gaen tae hear on Friday.

Bit, some o ye will be speirin, fa wis es man Hector

MacAndrew? Weel, fin nae less a musician than Sir Yehudi Menuhin held him in high esteem, ye begin tae ken his stannin in the Scots traditional fiddle warl.

Yehudi wis tae say: "Surely this man Hector must be one of the most beloved of men, for he spoke with the voice of his people. He brought alive their heritage, their feelings and their experiences. All of these he represents. And to me, of course, he was the voice of Scotland. When I met this man and heard him play, I knew I was in the presence of Scottish history."

High praise, indeed, and he added: "What he knew could only be learned from people with a great musical tradition and I have a kind of reverence, almost awe, for someone who represents a tradition as exciting as that."

The pair o them, fiddle maisters baith, met, of coorse, at Blair Castle and a feow o ye will be familiar wi the TV programme on the speecial event, aft repeated since it was first aired in the early sivventies.

It wis the handin doon o the tradeetion allied tae the skeely playin an dedication that made Hector. He wis born within the grounds o Fyvie Castle in 1903 faur his faither, Peter MacAndrew, wis heid gairdner an also hid the role o piper tae Lord Leith.

The technique adaptit bi Hector came richt through fae Niel Gow. His granfaither hid been taught tae play the fiddle by James MacIntosh, o Dunkeld, a pupil o the famous Niel.

He wis aye keen tae tell the story o a bit o music that inspir't him fin he wis servin in the Royal Artillery in the Eighth Army durin World War 2. He cam across a manuscript o music lyin on the grun efter a pipe band practice.

It wis *The Rolling Spey* fae the Simon Fraser Collection. He decided there an then that if he surviv't the rigours o war he wid dee his damnedest tae keep alive the traditional fiddle music o Scotland.

He cam at the richt time, an aa that haud oor ain music tae hairt owe him a great debt. The beuk an CD alloo the effect he hid tae bide alive, an I maun congratulate Paul Anderson, o Tarland, on the wye he pit ower the music in the MacAndrew style backit sae ably bi Dennis Morrison, o Newmachar.

I wis rale prood o the twa that I hae kent as bairns at competitions, an noo they are passin on their ain skills. Prood, tee, that back in the 1960s and 1970s, I share't the stage on a feow occasions wi Hector an Sandy Edmonstone, his nephew on pianna, an inta the 21st century wi Paul and Dennis. Oor music bides in gweed hauns.

Lat me feenish wi a story tellt tae me o Hector fan a gairdner himsel like his faither. The BBC at Beechgrove held him in high regard and he wis aften speir't in tae recitals wi Elizabeth Adair as producer. Hector wisna een tae turn doon sic invitations, bit becam a bittie wary o aye speirin for time aff fae the Estate he wis on.

Dasht, he solv't the problem ae efterneen bi sneakin awa athoot telling, bit he left, alang wi the barra and the spaad in the grun, his jaicket drapit ower the shaft!

See ye neist wikk.

Here's yet another example of a vital link in holding on to traditional music handed down from generation to generation. Hector was a master of the art of Scottish fiddle-playing.

Post it tae a tap–secret station in aneth the grun

25 March 2002

Up at the brak o day
Beatin the lark they say
Plenty wark tae dae

Jean the Kitchie Deem, by Willie Kemp

There it wis black upon fite. Weel, lace't wi reed an blue as weel! The wifie hid been rummlin aboot mang private papers an produced a certificate awardit tae me in 1955 fin daein ma National Service wi the Royal Air Force: "Per Ardva Ad Astra", an aa that.

Ma cheestie puff't oot a thochtie, bit a wry kin o a smile cam ower Esma's face. Oh the pit-doon. Ye see, we hid baith heard a meenister mannie in *Thought for the Day* on radio on *Good Morning Scotland* startin aff his feow minutes lamgamachie wi a tongue-in-the-chikk story on foo the wirkin wife shidna hae tae come hame ilka nicht tae the hoosewark, the dishes, the washin, ironin, hooverin an sic like. Na! She shid hae it deen in the mornin afore she gings tae wark!

Afore you wifies start miscaain him an me, he quickly turn't it roon tae advantage, bit that first bit brocht a smile tae ma face as I dreeve't tae wark in the car.

Weel, warkin wife or no, I hae been mairrit tae baith, ay the same een, an she kens me inside oot or es time. I daurna ging throwe wi her again the wye that I come bi that certificate aa these eers ago cis it michtna o been muckle eese as a case for the defence.

Ye see, fin it cam tae swottin up manuals an harknin eidently tae the instructor, I wis yer mannie! Fower month awa fae hame in Weston-Super-Mare wisna hivven, an studyin wis a wye o passin the time.

The instructor cwidna cheat me fin it cam tae tracin fauts, him takkin a valve oot o the transmitter or stappin a spunk alang the wye tae stop the flow o air waves. I seen kent far tae look an, oh, the clivver loon at I wis, got promotion there an then tae Senior Aircraftsman wi a postin tae a tap-secret communications station aneth the grun at Barnton Quarry, Edinburgh, a hystie up in pey an a feenish tae ma days in the RAF at Dyce.

Noo? The damn a grain o eese his it been, hence the smile on Esma's face. Nae only am I eeseless aboot the hoose, bit DIY means Dinna Interficher Yersel. I files winner if she's dreedin the day I retire an me lookin for jobbies tae dee.

So, it's confession time, an at the heid o the list comes:

Fa cheenges the licht bulbs? I dinna ken far tae find the spare eens.

Fa his aa the greenhoose tidy't oot an aa the seeds sawn still wytin for the mannie tae pit the first spaad in the grun?

Fa his still tae be shown fit button tae press tae ging on tae Video or Sky? Come tae that, fit aboot the routine ower the damnt mobile phone?

Fa dreel't the holes an pit up the new shelves in the bathroon fin, weel, I didna even ken we hid a multi-purpose Black & Decker? A Black an Decker, tae quote Dufton

Scott, is as muckle eese tae me as shufflin saadust wi a graip.

Fa gings throwe aa the newspapers an cuts oot the interestin bitties? Fa packs the overnicht bag fin I'm on ma roons wi the BBC? Fa cuts the girss? Ach I cwid ging on an on, bit fit's the eese? It jist lans me farrer in the midden.

Wireless mechanic, tradesman, jack-o-aa-trades? Neen! An I confess that like coontless ither husbands I hae got eest tae sittin back an haudin ma tongue. Efter aa, the wives like tae taikle something apairt fae the hoosework. Bit, haud on, shid we mannies nae be sharin the hoosework?

Thocht for the day! An instead o a certificate dated 1955, I wid get a report caird o 2002 sayin: "Could do better."

Nivver myn, a heidin in that evenin's paper held oot hope. On the back page referrin tae Aiberdeen Fitba Club tryin tae persuade Winters tae bide, the heidin said "Fresh Hope for Robbie." As Esma remarkit on't, I lookit back wi yon kennin wye o: I doot, I some doot!

Noo tae feenish, here's anither quote es time fae Setterday's radio. Did ye hear the request on BBC Radio 2's 60's show? It wis fae somebody fae Aiberdeen for his twin sisters: Kitty Brewster and Rose Hill

See ye neist wikk.

Yes and I haven't improved as later columns will testify, I'm sure. Time is the enemy, as I keep protesting in vain. Kittybrewster and Rosehill, by the way, are areas of Aberdeen, and Robbie Winters used to play for Aberdeen FC.

A Tartan Day message
tae ye aa fae Broadway

8 April 2002

They call me McKae
As I stroll down Broadway

Oh! My! Jock Mackay, as sung by Robert Wilson

Losh, I wish I wis you! Aye the tither body wish't me weel wi mair than jist a touch o envy as I announc't on ma Sunday programme last wikk that I wis New York-bound tae tak in the Tunes of Glory an Tartan Day fin thoosans an thoosans o pipes an drums an tartan o aa kyn o hue wid tak ower Sixth Avenue for the day.

As a hame-drauchtit loon, I wisna sure foo I wid feel an, altho I didna gie a thocht as regards fleein tae the events o September 11, 2001, I wisna lookin forrit tae the lang haul.

So here I am on Broadway, doon the road neist tae Central Park an vreetin tae you on Friday mornin afore I attack anither phase o the packit programme Fiona ma producer, Doug oor recordist an masel hae planned.

I dinna trust modern technology an even waur pleas't wi't noo so es maun be ma first dispatch tae mak sure ye get the column wi yer porridge on Monday mornin. I hae faa'n oot twice wi the hotel ower the heids o a fax machine at widna dee fit it wis tell't. So let's tak a skim throwe the diary up tae noo.

April 3: At Dyce airport an lookin forrit tae bein wi MacKay, MacGregor an aa kyns o pipers an nationalities. Nae problem or we won the linth o Amsterdam. Syne the usual! Some gype hid forgotten tae boord on time an he, they some fear't, hid a suitcase on boord.

At wis the first delay an, if coorse, essential in licht o security, bit the flicht wis trouble-free tae J.F. Kennedy Airport in New York. A lang wearisome hurl tae a loon like me.

So, tribbles ower? Na, faith ye. I spent a hale oor wytin for the luggage, heid gyan fae left tae richt an ee fix't on a muckle conveyor belt. Fit a wye tae spen yer time an fit wye is't that your casie is aye the last een tae come throwe?

Taxi tae the hotel! Fit wid o normally taen a half oor turn't oot tae be an oor an a half wi a taxi driver jinin in the toot-toot-tootin aa roon, hell-bent on Kingdom Come.

The short fuse in me near bruke fin I landit at the hotel tae fin lichts that widna brichten up fin nott an a bath athoot a plug, till the ill-natur't mannie fae reception wi a feel-gype look on's face explain't that the chrome pole at the side o the bath hid a plunger that steed in for the plug. Did I nae haul't oot bi the reet?

Ach I cwid ging on, bit at that stage it wis lucky for some. Me? I wid o been happier deein the programme fae New Leeds an nae New York!

April 4: Fit a difference a day maks. I did hae a traivel doon Broadway bit, again, as a loon born in the wide open spaces, I fun the hale muckle skyscrapers packit close thegither jist a thochtie claustrophobic. Syne ben cam a tartan bus, parkit itsel bi the world-renown't theatre venues an ma prood hairtie gid a thumpie or twa to be at last

MacKae stridin doon Broadway. There wis a bourachie o pipers on the tap deck, the pipes skirlin tae draa attention.

I canna wyte for Setterday noo, bit there's plenty o wark tae dee afore that. Oor day feenished at Kearney, a toon near New Jersey far 30,000 Scots fowk sattl't a generation or twa back. A sociable oor or twa wis spent in their Scots American Club wi a whisky-tastin event, and afore that a meal o fish an chips an clootie dumplin fae a café that serv't naething bit the halesome maet o Scotland.

I'll sign aff noo, bit as I gaed wi hingin lugs tae him that's in chairge o the fax machine, I pressed the button on the lift and inside wis the ae umman body and her loon. "Ye're nae Robbie Shepherd?" Ma traivellin companions fae Fleer 10 tae grun level cam fae Brig o Don.

Tae hell wi New Leeds. Es is gaen tae be a gran wikkeyn.

See ye neist wikk.

The following week went without a hitch and most enjoyable. I even got a shout when marching down Sixth Avenue from my mother's minister at Echt. It's a small world.

Losh, I myn the first quine I took hame fae a dance

6 May 2002

You — Robbie. Memory pictures:
Front bench, a curly pow

The Glen's Muster-Roll, by Mary Symon

Far wis I? The myn gets a thochtie raivel't lookin back a 50 eer or therebye, bit I wid imagine I wisna in the photie cis I wis deein ma bit for queen an kintra at the time. The photie I spik o that made me draw an set again wis anither o the gran picters at appear daily in the Press and Journal o *Past Times.*

"Some of the older generation guesting at Lyne of Skene primary school picnic in June, 1954. Eric Strachan, Alastair Gerrard, Ella Esson, Joe Jarvis, Adrian Calder, Alastair Bruce, Jean Leslie, Neil McAllan and Ron Munro," read the caption.

Ron Munro wis ma best pal fa warsl't sair wi ill-health ower mony an eer an wis lang syne laid tae rest. Ron wis best man at oor waddin, an eident wirker at the Fower Mile Post Office an weel-kent an respectit in's days at the Harlaw Centre and hinmaist at Maidencraig. Sadly missed.

I kent the hale bourachie in the photie, the feck o them fae Dunecht, but er aye wis a bond atween us loons an quines wi them at the Lyne, a twa mile awa bi Bogentory.

Losh, I myn the first quine I took hame fae a dance, an eyn-o-term affair fae Bapper Ewen's dancin class, traivillin awkward kyn up the brae on fit, pushin a bike the piece wi Bennachie at wir back. A crack o thunner an a flash o lichtnin wis aa it nott tae get her in ma oxter. Eneuch, eneuch!

There's Neil McAllan fa eest tae gyang alang wi me ilka wikk tae the whist at the Lyne. Ay, loons in oor teens fair airchie wi oorsels. Nooadays, fit's whist tae loons in es computer age? Neil and I wirkit side bi side for eers tee wi Claben.

Can at be Ella Webster tuckit in ere at the back? Ay, if coorse, tho I didna myn on her maiden name o Esson, bit I myn fine on the young quine comin fae hyn awa at Lumphanan tae wirk in the Estates Offices neist door tae oor hoose in the village o Dunecht. Ella wirkit alang side Jean Leslie an, haud on, ere's Jean in the picter, as weel!

Baith quines sat at the ither side o the hallie fae us loons as Bapper Ewen pit's throwe the flashy steps o the quickstep an the smoochy shauchle o the slow foxtrot. Happy days, bit baith lasses tae be widda'd in later eers. Bit for the grace o God.

Ay, I wid o been at that picnic I'm sure hid I nae been guairdin ye fae the foe!

Joe Jarvis, I think, wis the only een oot o the bourachie in the photie that wis called up like me. National Service, a gweed thing for young billies settin oot on the neist stage o life's journey, wid o feenish't roon aboot October, 1957, if ma memory serves me richt.

Spikkin o which, that dasht photie hid me back tae the day I hid tae gyang in for a medical an aptitude test at Woolmanhill tae see gin I cwid jine the Brylcreem Boys in the RAF. I lauch at it noo, bit there I wis across the desk fae es officer cheil wi the brisly mowser, pen in haun an heid boo't ower the desk.

Nae botherin tae look up, he mummel't something like: "Have you pasture?"

"Beg your pardon?" an "pasture" gaed back an fore eence or twice, then sensin he hid a loon fae the kintra at nivver leet go o's mither's apron strings, he lookit up at last, stared me fair in the face an said: "Passed your water. Piddley-widdley. Wee-wee."

Noo, if he'd speir't if I'd bree't ma tatties . . .

An, michty me, gyan back tae the photie, ere's the grinnin face o Alistair Gerrard, the lad that wis responsible for me leavin National Service wi a teem wage packet. Weel, I wis station't at the eyn at Dyce an tore the brikks o ma smairt RAF uniform on a barbit-weer palin playin fitba in's faither's park at the Newton. I hid tae buy a new een wi three wikks left o ma service.

Lang may ye keep sennin in yer favourite picters tae the daily paper. Like the een I harp on aboot the day, it brings back sorra as weel's joy, bit they're aa gran reminders o the wye we were.

See ye neist wikk.

That was the way we were in the happy days of youth: no cares of what the future held for each and every one of us.

If ivver a body fun their true vocation, it's Nancy

15 July 2002

Listen tae the teacher
Dinna say "dinna"
Listen tae the teacher
Ye maunna say "moose"!

Listen tae the Teacher, by Nancy Nicolson

Losh, I nivver thocht we hid sae muckle in common! There we waur, a Caithness quine and an Aiberdeenshire loon back tae wir skweel days an bairns at play. We waur leanin ower the fairm gate a mile or twa oot o Wick an up heich on a brae wi a maist winnerfu view roun aboot. On a clear day, the Old Man o Hoy comes inta view.

Ma companion an guide wis Nancy Nicolson, an if ivver a body fun their true vocation in life, then it's Nancy, fa's noo the Education Officer at Celtic Connections in Glesca, spreadin the wird o, as she pits it, Oor Culture, Your Culture, Aabody's Culture. It's a far cry fae the craft at Newton faur we were stannin, yet again it wis her verra upbringin that biggit the sure foun for aa she believes in an passes on.

Nancy felt a thochtie oot o things on her first feow days at skweel traivellin that three miles fae hamely craft tae toon education in the centre o Wick. It wisna till she wis aboot sivven eer aul that she realised her teacher wis human efter aa. It hid been a nerra pretend warl till then, bit fin the wifie got them singin *Ca The Yowes Tae the Knowes* . . . wow! "She dis ken aboot sheep," enthus't the young Nancy.

Nancy hid aye been fascinatit wi her native dialect, an the early inquisitive myn wis wirkin oot things for hersel. Twa wirds she myns on were "watterproof" (or in Caithness tongue "water-puroof") an "dungarees". "Water-puroof" tae her meant something tae gaur the rain poor aff, an "dungarees" wis fit men wore tae wirk wi dung an grease!

The memories cam poorin oot an aye the ither name croppit up that I cwid identifee wi. Her uncle wis Eann Nicolson fa play't wi Addie Harper in the original Wick Band. The teacher that did sae muckle at secondary skweel tae mak her unnerstan the importance o oor language an the savin o oor local dialect wis John Ross, faither o Gibby, o Ross Records at Turriff.

The cheil noo in the hoose o Nancy's early memories is neen ither than Charlie Simpson, fa ees't tae compete at Heilan Games doon here fin I startit commentatin.

Then again a great source o inspiration tae Nancy in the folk-song warl wis Jean Redpath fin fortune turned the Caithness lass doon that roadie at the summer skweels at Stirling far, incidentally, Robert Innes wis in chairge – anither mutual acquaintance fa wis brocht up in a craft at Dunnet.

Ay, a fascinatin lady is Nancy Nicolson. In her role noo she's overseein some 2,000 kids gettin sang, dance, storytellin an music wi some o the top traditional entertainers as tutors. She's the richt body in the richt job an aa, becis she's retain't that pride in her ain backgrun an wis willin tae larn.

I hid been on anither o oor traivels for ma radio programme an catch't Wick on a bonnie day o blue skies. Caithness at its best! Weel, nearly! Tae feenish aff oor feature, Nancy wintit tae tak us tae Castletown an doon bi the oot-o-the-wye herber at Castlehill. This wis a thrivin place at ae time fin a James Traill biggit the herber for the export o the local flagsteen in the 19th century.

Car parkit, we made oor wye doon the slope an the hivvens open't. We were jist a feow mile fae the blue skies o Wick an tae say we got drookit wis pittin it mildly! Back tae base it wis still sunshine ower the toon an jist as weel, cis I sat in the square in Market Place wytin for time for the flicht hame, dryin aff the brikks as I haarkin't tae the pipes o three lassies promotin the Wick Pipe Band Wikk!

Nivver myn, I'd seen a Caithness at surpris't me. Fit lang, stracht roads, an me eest only tae Spinningdale an Berriedale gyan up the A9. I felt that the county, tho, some like the North-east, wis half-forgotten bi the toorist passin throwe. That trade is nae helpit fin a body his tae fork oot the feck o a hunner an fifty poun for a 35-meenit return journey on a 20-seater plane!

Ach, ere's aye a something!

See ye neist wikk.

Caithness memories with a "lass o pairts", a genuine lady with her feet firmly on the ground.

Sair tyauve for fairmers fin battling anent nature

28 October 2002

At Ennochie a cluckin hen
Wis sittin in a kist
Baith it an her were sweelt awa
Afore the craitur wist

The Muckle Spate o Twenty-Nine, by David Grant

Little amuses bairns an less gaurs them greet! The tattie holidays are by noo bit, michty, fit wither tae be aff skweel. Fit wid us Shepherd bairns hae deen in sic wither, I winner't, awa back in nineteen-forty-aucht as me, the middle een, wis lookin for ma first pey packet in the tattie park?

I cwid jist picter on sic an onding, the rain hale watter, a nosie hard press't against the winda pane, the gless staim't up wi the bairn's braith, glowerin oot as the gairden disappear't aneth the watter, the floories connach't, heidies hingin-luggit.

Fed up wi maakin catties' tails an clookin strips o aul claes through a seck streetch't on a frame, anither fireside mat (far's the siller in that?), it wid o hid mither teerin her hair oot tae keep us oot o langer.

Bit it wisna like that. Despite the warnin fae oor butcher freen neist door, I roadit for wark as socht. "Dinna gyang the morn, Robbie," he said. "Wyte till Tuesday cis ye aye get a sair back on the first day."

The sun raise i the mornin and tho warslin sair aa the day, there wis the fun o sharin in a new prottick, a peyin een at that, wi aa ma skweel pals an ither aaler fowkies I hid nivver clappit een on afore. Efter aa, we were hyn awa at Bognie's, a gweed three mile fae hame.

The spur wis the pey packet an the thocht o a day in the toon spennin ma ain siller. Tho mither I'm sure wid caation tae lay something by for a rainy day!

These days cam back tae me in the latest screed fae Morag Wolfe fae Torphichen, ma "nae mowse quine" as I ca her, an afore she mairrit, a Cruickie fae Maud.

Nae for me in my day, an her in hers, tae unnerstan the scene sae weel describit bi David Kerr Cameron o foo the aul grieve hid mappit oot the day's territory, wark startin at the gate, an eence he hid paced the eynrig he wid estimate foo mony dreels cwid be taikle't. Oot cam an aul broon envelope fae's pooch an the stump o a pincil, the brain gettin inta gear, syne stridin oot ower the park peggin in markers at appintit intervals. At's faur Morag comes in

"Mony a skull did I full at ma second-cousin's fairm at Whynieton on the ootskirts o Maud," she screived. "It wis aye a chauve tae feenish yer bit dreel tae yer marker afore i digger cam back in again. Files ye wid gyang an help oot onybody near bi at wis strugglin tee, bit maist times ye were sair press't tae get yer ain bit deen. Yer denner an fly-times flew by an files ye'd manage a rotten tattie or dubs fecht afore ye were held gyaun again!"

Like me, the best bittie for Morag wis the wee pey packetie fu o siller for aa yer hard wark.

Ah! The memories, bit lat's nae pint ower romantic a

picter o yon days. Like es last fortnicht, it's aye been a sair tyauve for fairmers fin battlin anent nature, yet again the advantage o the instant telly cameras, an the role o the modern newspapers wid gaur ye think the recent hellish floods hae been the warst ivver.

Lat me tak ye back tae that snatch o the poem describin the floodin o the Birse an Strachan districts awa back in auchteen-seventy-nine! Global waarmin may weel be a caase the day, bit fit did they blame then an ither times ower the eers?

Ye hae tae winner on the construction o oor modern roads an the sitin o new developments in the race for space tae big. General Wade's roads hae steed the test o time an wither, yet a new slip road bi Inverness didna survive its first eer! An fit aboot the new low square at Abyne? Gars ye winner!

Ach, lat me feenish on a cheery note. Es een fae Tam Reid on a news we hid thegither on Friday nicht. Seen on a feow butchers' shop windas: "Buy British Beef. You'll never get better"

Aa weel, ere's aye the tatties gin ye tak a snorkel wi yer graip!

See ye neist wikk.

The tattie holidays mean nothing nowadays to children. The mention of the new low square at Aboyne refers to its constant flooding after heavy rain. Ill-planned?

Crochlie craitur missed mair than hid been thocht

4 November 2002

The fite-fuskert cat wi her tail in the air
Convoyed him as far as the door

It Wisna His Wyte, by Charles Murray

Wid I daur! I sit here in an eerie silence. It's Sunday mornin at the back o fower, at's aye fan I screed es column, syne it his tae pass the censor wi half-shut een afore she rises tae wark her skeely fingers on the computer an wheek it awa bi e-mail richt on tae the screen o the sub-editor at the P&J.

Fit wye am I tellin ye aa es at's o little importance bit tae oorsels? Weel, I'm jist winnerin if the article will hae Esma's approval an I ken I shidna o made fun o the sma obelisk at appear't in the front gairden bi suggestin it be a last restin place for the cat. Alas, the cat's nae mair an the silence is gettin tae me noo as it his deen ilka mornin es last wikk.

The ritual wis aye the same an gettin peetifu afore the eyn. Fae its favour't steel wi the cosy worstit shawl an cushion for a pilla, the crochlie craitur, hardly able tae clean itsel noo, wid hirple doon an like the fite-fuskered cat o Charles Murray, wid escort me, tail erect, twynin in an oot atween ma legs till I got as far as the press door in the kitchen faur its maet an clean dish were keepit.

The pleadin meows gaed wye tae contentit purrs and that wis the last the cat thocht on me for the day. There were coothier, kindlier fowk that wad tak ower.

Ye'll hae read ower the eers at I'm nae ower fond o oor feline freens, haein been mair o a dog-lover gyan back tae ma days as a bairn at Dunecht, sharin a cocker spaniel as best mate wi ma brither an sister. Dogs are faithfu, cats are cunnin! Canny, Robbie; myn on the censor.

Ye'll reca I hae tellt afore o the hamecomin a 22 eer syne fin, aginst the grain, we hid a companion tae a fower-eer-aul loon. Damn the linth! There'll be nae cat here, says I, bit as I left hame ae stormy January day tae record a programme awa doon sooth, the plot began tae thicken. The Mackays' cat across the road hid jist deliver't a birn o kittens lookin for gweed hames.

Coorser wither forc't me back up the road an battlin the win an sna, I made it in fower oors fae Dundee. As I pit ma case doon at the doorstep fummlin for ma key, the door burst open an a coorse nickum o a loon wi a sparkle in's ee I'll nivver forget, wuggl't es little bit o fur an bricht starin een like gless bools in ma face. Nae the best o starts tae big up a relationship atween pop and puss!

I recaa, tee, foo the craitur gaed missin for three wikks an we'd gaen up hope till ae day a feckless, dispairin meow signall't the hamecomin o a wreck, back near broken an cover't aa ower in bursin ile: the ootcome o some mishanter in somebody's garage we were nivver tae fin oot aboot.

Foo the pain-rackit puss determin't tae clean itsel wis a winner in itsel, the lickin o the ile gaurn't spew in the painfu process, yet nature's instinct wis at wark.

The Guinness Beuk o Records wis loomin as the craitur

wis weel ower a hunner in human terms, bit it wisna tae be, an Esma hid the hinmaist decision tae mak. I said naething bit thocht plenty.

Foo I regret noo that last mornin wi the usual ritual an meow for maet. I shook in the dry stuff, it took ae snuff, a defiant disdainfu kick o the paw an turned tail for the nearest het radiator. As an act o retribution, I poor't the stuff back inta the container in front o's verra een: at loggerheids tae the eyn.

I think, tee, ower the eers foo if it cwidna get the comfort o a cosy lap fae wife or loon, ony advance taewards me wis met bi a flick o a newspaper. Foo cwid I! Noo, I still steek the doors tae keep the craitur fae wannerin. I listen for the meows at ivvery meeve, an I miss the stracht convoyin tail.

Weel deen, Dinky, tho a name ye nivver respondit till . . . jist "Puss". Ye brocht a something tae oor hoose I canna quite explain an only noo appreciate.

See ye neist wikk.

These confessions come from a lad that grew up with dogs and always mistrusted the cunning of cats. This one had a special place in our house – well, for at least two out of the three of us.

Neist generation micht be familiar wi three craas

25 November 2002

Three craws sat upon a wa
On a cold and frosty morning

Bairns' Sang

Losh, bit it did ma hairt gweed! There I wis doon on ma hunkers amang kids, a clipboord in ma han wi a computer draain o a tattiebogle. At the boord wis visitin teacher Matthew Fitt, National Schools Scots Language Development Officer, a fair moofae as he admittit himsel, deein's best tae mak an ootline o a mannie.

"A'm nae a great draaer," he said as the kids sat enthrall't, an foo they keckl't fin he coontit oot tae five the fingers on ae haun o the mannie he wis draain. Losh, bit he hid a fine wye wi them an nae spikkin doon.

I wis doon at Borrowfield Primary School on the ootskirts o Montrose recordin a feature for ma Sunday programme o "Reel Blend" an, complementin his skeely wark wi the bairns, Matthew is as weel a publisher o bairns' beuks under the label o Itchy Coo.

His prottick at day wis tae get the kids tae respond tae the bits o the body: a far cry fae the mannie on the telly last wikk dissectin bits o the human body an passin em roon the aadience, aa for the sake o "entertainment".

Roon aboot 30 or 40 bairns hid hauns up an doon

99

like piston rods as they showed aff their understannin o' Scots. Lugs, they said, were at the side o the heid an a lang neb in front o't. They got the maist fun fin Mr Fitt pyntit tae the airmpits an efter the wird "oxter" wis answer't wi confidence, he nott a description o fit micht be the state o the oxter. "Hairy" wis the common answer, comin close wi "stinkin". Short kin o a spray doon Montrose wye, surely!

Noo, I ken an hae menchin't afore the gweed wark fowk like Leslie Wheeler an Sheena Blackhall dee up here bi giein their services voluntarily in gettin bairns tae come tae grips wi the Doric, bit here wis ma first experience o an offeecial visitin teacher sanction't bi the education aathority as pairt o the primary curriculum.

Myn you, foo successful wid it hae been aathoot dedicated teachers? Borrowfield is dasht lucky tae hae twa enthusiasts o oor ain tongue in Frances Petrie (Peetrie, she threepit doon ma throat. Neen o yer Petries here in the fishin villages bi the coast roon Montrose) an Sandra Smith, fa his written a special Nativity Play for them in Scots.

The kids were fair taen on wi't an were maist forth-comin fin I speirt if they hid difficulty wi the words. Strange, bit "nicht" turn't oot tae be a tongue-teaser, wi the "nicht" comin oot mair posh than fit John Mearns wid o describit as a "gran necht we're haein!"

Noo dis es mean aathing in the gairden is rosy? Na, we've a fair bit tae gyang cis we've lost a hale generation. Fin I speirt if they spoke es wye at hame, the answer mair nor aften wis: "No."

It wis a far cry fae my generation, fin Doric wis drumm't oot o's as we stridit ower the step fae playgreen tae classroom. Bit did they enjoy the addition tae their class-wark and fit did the parents think? At brocht a resoundin affirmative. Ay, it will tak a hale generation tae big on the foun rectifeein the damage caas't bi eers an eers o neglec, bit it's happenin.

Fa kens, we micht yet get a genuine holiday on St Andrews Day. Nae afore time.

As I left the skweel wi the "three craas" ringin in ma lugs, I hid tae keckle fin Matthew made them think up ither lines tae bring in mair craws. "The sivventh craw hidna on a bra" wis the perfect rhymin tae ae loon on wa – aa – aa – aa – a!

They were conversant wi the beuks Norman Harper an masel pit thegither on Doric humour an fin I hintit tae Frances Petrie that some o wir tales waur a thochtie roch kyn, she conter't bi sayin that she pickit the stories!

Like the een o the wee loon learnin aff his auntie fa hid a bit o a bool in her moo. She pintit oot a drawin o a mannie an said "these are his ears".

The puzzl't loon lookit up at her an said: "If that's his ears, far's his lugs?"

Oh that we get back tae that!

See ye neist wikk.

A fine example of how our ain Doric tongue is being encouraged into modern education. "Three Craas Sat Upon a Wa" remains a favourite nursery rhyme from my own primary-school days.

Hinmaist volume o a Doric folk-sang classic is published

13 January 2003

Farewell my dear jewel and whole heart's delight
The brightest of mornings fesses on a dark night

No, Lassie, No – Folk Song

Aabody learns something ilka day! There wis me interviewin an harknin tae sangs last Thursday nicht at the BBC recordin for yesterday denner-time's *Reel Blend* programme. I thocht I kent a thingie or twa aboot Gavin Greig till ma companions got goin sae naitural an sae knowledgeable.

Wi me wis Doctor Ian Olson, that noted authority on North-east folk sang, and twa members o the original Gaugers, Tom Spiers an Arthur Watson. We were discussin the lang-awytit Volume 8, the hinmaist volume o the Greig-Duncan Folk Song Collection jist oot an, bi the by, Ian's biographical notes includit in the beuk gie a fine backgrun tae fit they were aa aboot. I maun acknowledge, tee, the odd swatch or twa o Ian's scrievin includit the day.

That fragment I used at the heid o the column is twa lines o a wee sangie an the final een in the book. No1933! Ay, dasht near 2,000 doon in print, an it's been a massive undertakin bi the eident editors, bit naething, of coorse, tae that o Messrs Duncan an Greig.

The lines quotit say mair nor at first read. Es wis noted doon stracht fae the source, in es case a Bell Robertson, an notice the North-east "fesses" loupin oot o the English rhyme. Es wis foo meticulous the collectin billies were, leavin ithers tae judge on the richts an wrangs o the spik.

So fa an fit are we spikkin aboot? Gavin Greig wis born at Parkhill in 1856, the son o a forester, an graduatit MA at Aiberdeen University. He cam tae be dominie o Whitehill Public School by New Deer at the age o 22, an at's faur he wis tae bide earnin himsel the reputation o bein at the heid o the social side o rural life, as weel's a great writer and dramatist. Fa hisna heard o "Mains' Wooin"?

His fella collector, James Bruce Duncan, wis born at New Deer in 1848. Noo, there's a coincidence, as he attendit the verra skweel far Greig wis tae tak ower later. It wis at Aiberdeen University that the twa met, wi Duncan syne gyan his ain gait as a meenister o the United Free Kirk at Lynturk, near Alford.

We jist canna gie heich eneuch praise for their efforts in collectin aa these sangs for, mak nae mistak, aa wid o been lost an the warl — ay, the warl — deprived o een o the biggest collections o its kyn ivver pittin thegither.

Nae for them the sangs o the printed book fae sic like as Burns, Tannahill an Hogg. "Scottish folk song is something materially different from the Scottish songs that mostly fill the books."

That they cwid baith spik the broad Doric fairly helpit as they gaed aroon the kintraside gainin the confidence o the fowk. Ay, an myn, this wis lang afore the days o tape-recorders or even motor cars.

Greig, like ither skweel maisters, wis aye at the scrutiny o the local skweel boord as the Doric wisna acceptit bit jist in sma doses and nae place in the classroom. Fin speirt at ae meetin if he wis up tae date wi the latest teachin practices, he wis quotit as sayin:"A cwidna say. A left hame this mornin afore the post cam."

Noo, some fowk micht winner at the inclusion in the collection o the likes o "McGinty's Meal and Ale" and "MacFarlan o the Sprotts o Burnieboozie". It cwid be argued that they're mair music-hall comedy sangs raither than folk song, bit then Gavin Greig used his column in the "Buchanie" appealin for sangs an wis fair trickit fin George Bruce Thomson, o New Deer, startit sennin in his ain wark. Thank the lord they baith made that contribution tae oor sang.

It's a verra verra valuable collection an gratefu thanks again tae aa involv't ower the aucht volumes.

The Greig-Duncan Folk Song Collection: Volume 8, published by Mercat Press for the University of Aberdeen in association with the School of Scottish Studies and the University of Edinburgh.

Sad fareweel tae a great man and entertainer

3 February 2003

Noo in aa Bonnie Scotland
There wisna a body
As happy as Wattie
Wi his dandy pair

Princie and Jean, by George Corrigall

It's hard tae tak in. There he wis in's usual form, I unner-stan daein fit he likit best, singin an entertainin at a ceilidh in Garlogie Hall a wikk bi Setterday. Noo Tam's nae mair. It wis at Garlogie – bit i the Lounge Bar in the days o Mother Allan – that I first becam acquaant wi Tam Reid, and we share't a love o the aul 78 records wi the singin o Willie Kemp an George Morris.

Es wid o been hyn back in the 1950s fin Mother Baird wid come an play the pianna on a Setterday nicht an syne oor sma groupie, the Garlogie Four, took ower. The fower o's bein Duckie Smith, Ronnie Massie, Esma an masel.

Fae there, Geordie Ewen becam a regular, a grand button key accordion player, an ilka ither Setterday wid be Tam Reid, nae pushin forrit bit aye willin tae sing fin socht. There wis somethin affa naitural aboot the vyce an man; he cwid fair pit ower the story as gweed as his idols fae the aul records.

It wis nae surprise syne efter a feow eers o persuadin

105

tae fin him on a bigger stage culminatin on being croon't the Bothy Ballad King at the Haughs o Turra a 20 eer efter we first met for a sang, es in front o dasht near 10,000 folk.

Tam nivver lookit back an, fit's mair, nivver chang't fae the deil-may-care entertainer at wis the stamp o the mannie. I think on the eers o festivals an the fun we hid, baith in the bothy-ballad competitions an ootwith the offeecial concerts, like braakfist times the day efter in the Seafield Hotel, Keith.

Three lads wid share a room an three wives anither an ye cwid hear the lauchin fae the mannies, the singin an the guitar in the riggins o the nicht syne at the braakfist table, aathing hid tae be teen throwe haun. It wis fun, jist fun, bit it made the festival for lots o's.

Syne the annual bothy-ballad competition in the Legion Hallie at Strichen as pairt o the Buchan Heritage Festival. It widna o been complete athoot Joe Aitken an Tam Reid sparrin wi een anither an me tryin tae steer things up as compere, gey aften comin aff warst!

Nae tae say, though, that he wisna a keen competitor in that sense. Far fae't. I've hid the het o his tongue noo an an, bit seen forgotten.

He'll be a sair miss, tee, at the MacAllan Bothy Ballad Championships – champions o various festivals vyin for the ultimate title an the covetit brose caup. That's bit the ae side o a maist loveable mannie fa pit his hairt inta aathing an did mony a gweed turn athoot the thocht o rewaard.

Wi Anne, his wife, he biggit up that fine Cullerlie Farm Park at's hame an es wis the vital link in the haudin o a dyin tradition: the aul wyes o fairm life brocht up tae date;

the aul implements, the hamely kitchen, the beasts wi aye the sang the illustration.

This brocht him in tow wi the Elphinstone Institute an, as chairman o the Friends o Elphinstone, I can vouch for his fine contribution tae their vital darg.

At sang, "Princie and Jean", is een we'll aye associate wi him, an "The Muckle Gawkit Gype". The first-menchint he pickit oot fae the People's Journal an trac't the aathor tae Orkney.

I see him noo an aye will, wi the deliberate hirple comin on stage in the best o Music Hall artistry, syne the cheery wave files wi the bonnet in's haun fin he feenish't his spot. We canna praise highly eneuch his contribution tae the preservation o the heritage we haud sae dear in es neuk o Scotland an the support fae Anne baith wi sang an fairm. A sad, sad miss.

On a cheery congratulatory note tae feenish, I maun lat ye ken foo prood I felt on Anna Massey fae Fortrose winnin the BBC Radio Scotland Young Traditional Musician of 2003. She's the grand-dother o the late Peter Buchan, the fisherman aathor o Peterheid.

Ay, thank guidness the tradition lives on, thanks in nae sma pairt tae Peter, as weel's Tam.

See ye neist wikk.

The bothy-ballad competition at Strichen festival in 2006 had 16 contestants in the senior class alone in front of a packed crowd. Tam had a lot to do with this increasing popularity before his untimely death. Anne, his widow, died in June, 2006.

Lookin back ower 25 eer in front o the mike

10 March 2003

There's some fowk girn aboot the static
Reception crackly an erratic

Robbie, by Ian C Middleton

Es wikk, BBC Radio Scotland his been celebratin an harkin back ower 80 eers o broadcastin. Michty, it fair draas a body up fin I think I hae been in front o the mike masel at Beechgrove for dasht near a third o at time.

Noo I hardly ging back tae the days o the crystal sets an the cat's fuskers, bit fa wid o thocht that the loon sittin doon in the front o the fire at Dunecht wid ae day bi on the ither side o the spikker?

Ah, the happy days o the Scottish Home Service wi the weet an dry batteries in gran nick, an me fair taen on wi a Setterday nicht o Sportsreel, Scottish Dance Music, the MacFlannels an the antrin appearance o Harry Gordon on Scottish Music Hall!

It wis the comin o local radio that wis tae change aathing for me, an ma late sair-miss't freen Arthur Argo tae thank for giein's a shottie o presentin a request programme on Radio Aberdeen awa back in 1977. The Dunecht tongue wis tae get bolder i the Doric as the response wis forthcomin fae listeners in the North-east, bit toned doon a thochtie fin I startit *Take The Floor* in 1981.

Maun, the changes there hae been staggers ye on lookin back these 25 eer. Tho I nivver saw't masel, ma late freen BBC engineer Ken Duncan eest tae tell's foo he edited wi a solderin iron as the programmes were recordit on tae wire. By jings, nae a presenter nor producer wid o laistit affa lang then if the mistaks got oot o haun! Naething bit click-click-click as the reel furl't the blobs o sowder.

Noo it's aa digital on tae a computer an it's fascinatin tae watch ma twa producers at wark (they dee their ain editin noo) starin at a screen, coloured squiggly lines thick tae thin racin ower, as they press the keys an control the moose. Unlike the razor blade an the tape that took ower fae the sowder, aathing can be "sav't" an mistaks rectified . . . weel, if ye ken fit ye're deein.

Nae for me. Ower lang i the teeth noo tae pick up sic capers, bit stickin tae ma presentin roles, I wis speirt fit hid been the highlichts an the lows o es span for me o a quarter o a century. Weel, surely the thing that gaed me maist pride wis a speecial *Take The Floor* in the early 1980s fae Letham Village Hall an in the front line Jimmy Shand, Ian Powrie an Bobby MacLeod. That wis fairly a one-off, wi only Ian left noo an he's hine awa in Australia.

The recent trip tae the Queen Mary wis anither prood occasion for es Dunecht loon, an the advent o the website his seen oor aadiences growe warl-wide an aye the ither e-mail linkin tae the past. It's maist satisfeein tae be the hub o't aa.

Jist the ither day, I got an e-mail sayin foo prood ma aul teacher Miss Bruce (Mrs Peerie) at Dunecht wid o been hearin me taikle on air the poems in the braid Doric. Ay, I've been a lucky cheil!

The doonside? Weel, ilka job his its draabacks, bit I did lament the passin o Radio Aberdeen an the contact I hid mang ma ain kyn o fowk. At's foo I'm happy tae be writin es screed ilka Monday, as it wis throwe the protests on the aexin o the local radio programmes at es startit a 10 eer syne. It's an ill win.

It wis a sad time, tee, tae stan an look oot o the new biggin an see the bulldozer rivin her teeth inta the thick, prood waas o the original Beechgrove House. Sacrilege!

Times are aye on the cheenge an fa kens fit's roon the neuk? In es time o celebration, then, I gie thanks tae aa at heidquarters in Glesca for their continue't confidence an for the freenships biggit up in Aiberdeen.

Lat's feenish on Auntie's Bloomers, tho es is nae for Terry Wogan, as it's a slip o the tongue on radio I reca an oor engineers hae it inta their archives. I wis comperin an ootside recordin o *Take The Floor* an hid jist introduc't a tune ca'd "I hae laid a Herrin in Saut".

Noo I continuit, gettin the dancers on the fleer wi: "Please lay your partners for . . ."

See ye neist wikk.

Yes, I have been a lucky lad, but hope I have contributed to our proud North-east tradition by spreading the word further afield. It was Moreen Simpson, then assistant editor of the Press and Journal, who approached me to start these columns on the strength of protest at my losing my Doric slot on BBC Radio Aberdeen. However, I have been grateful to BBC Radio Scotland for continuing my two other programmes all these years.

Memories flood back
o sic gran days

7 April 2003

Oh gin I were a Baron's heir
An could I braid wi gems your hair

Joseph Holder

I wis weel tellt aboot it! Aye the ither body speirt if I hid seen the trail for the TV programme celebratin the 25 eer o the Beechgrove Gairden. There I wis in kilt an green jaikit singin a snatch o a bit sang accompaniet bi George and Jim. Me? Michty, we enjoy't mony an impromptu ceilidh efter a Beechgrove Roadshow recordin, bit I jist cwidna reca ivver haein the kilt on as I actit the link man atween the panel an the body o the kirk.

Weel, I did sattle doon tae watch the half-oor a wikk bi yesterday an a fine tribute it wis – tho ae blink an I wid o miss't the kiltit minstrel! Syne it dawn't on me an confirm't wi a 'phone call tae the producer at the time, John MacPherson.

We did a Christmas Speecial fae Room One at Beechgrove an I wis socht in cis somebody hid sent in a parody o "Gin I Were a Baron's Heir", aa in praise o the redoubtable, couthy George Barron, an kennin the fun we hid on the road, John decidit tae lat the hale warl inta oor musical talent as a trio!

Richt eneuch, there wis George on the fiddle, a dab

haun on't in's day, an a gairdenin pal o the late maestro Hector MacAndrew. Jim McColl wis on the accordion aye mangin for the excuse tae hae a bit tune, an masel in front o the twa green-fingert't billies feenishin aff a verse o the wifie's sang wi "George noo dinna leave me."

Ma meenit o glory wis aa by afore ye cwid say "haud in the dung".

On Thursday o last wikk, I wis wi Jim again alang wi Carole Baxter, Colin Stirling an Brona Keenan at a speecial Gairdeners' Question Time at Inverurie Toon Hall helpin tae raise siller for MacMillan Cancer Relief's appeal for Roxburghe House.

Losh, back in ma role wi the Roadshow, I wis happy as a pig amon sharn, stridin the fleer eence mair, radio mike in ma haun. Noo, the radio mike wis a luxury I didna hae in the early days o the TV programmes an the area I cwid traivel in becam restrictit bi the muckle cable that ran doon ma leg inside ma brikks. Aften, I wid be catch't streech't oot, a dog cockin's leg, an hae tae draa and set.

Ah, the memories! Affa fine tae see an hear the undilutit droll Doric an the devilment o the late Winston Clark. Happy days were recaa't, tee, wi the likes o George, Jim, Carole, Syd Robertson an Dick Gardiner.

Ae wee thingie, tho, on the celebration programme. They shid o gien credit, surely, tae Mike Marshall, fa's idea it wis, an the great contribution o John MacPherson. Losh, he wirkit hard at it ower mony an eer. Backroom billies are as important as front-line presenters!

I myn on a Roadshow up Deeside fin the late Donal Coutts, a jack-o-aa-trades an prize-winnin gairdner, fairly got een ower me an the panel. I hid kent Donal, if coorse, throwe the Ballater Games, an wirkin ma wye ben the hall, I wis pass't es apology o a Busy Lizzie fae him wi a broad wink!

"Fit's wrang wi ma pot plant?" The panel lookit it up an doon, gyan throwe the ritual, recently repottit bit affa deid-lookin noo. Efter muckle deliberation, Jim coupit the pot upside doon. Ay, recently repottit richt eneuch. Donal, that verra day, hid taen it oot o a wifie's bucket on's roon wi the scaffie's cairt an stuck it inta the pot!

Syne there wis the umman body wi the puzzl't look on her face fin I speirt if they cwid pass ben the paper pyoke she hid on her knee. Fit cryn't corm cwid es be? It wis a bag o soor plooms!

Oh, an I myn getting inta a feerich efter a recordin at Gourock relaxin in the posh area o oor hotel. Fower fowk breeng't in an news't awa aboot the nicht's proceedins, syne richt in front o wir verra een they startit howkin oot the plants in their pots fae a fine display, stappin them inta their bags wi the wirds that there wid be plenty mair far they come fae!

Gran days an congratulations tae aa involv't wi the success o the Beechgrove Gairden ower the eers.

See ye neist wikk.

They were, indeed, happy days on the BBC Beechgrove Roadshows with George and Jim on television. Soor plooms are boiled sweets.

Gowk's Storm an ither aul-farrant sayins

21 April 2003

He never heard the teuchat
When the harrow broke her eggs

The Whistle, by Charles Murray

Fitivver happen't tae the Teuchat Storm es eer, or wis yon it back in Mairch? If so, it wis nae mair than a fluffert in the passin. So div we haive aa the aul beuks o wisdom aside an think up a new Doric phrase for global warmin? Can it be that the teuchat's trauchle is aa bye forivver, an fit aboot the Gowk's Storm an syne the Gab o' Mey?

Na, dinna coont yer chuckens yet. I hae been haein a keekie back tae twa articles I screived on the aul fowk's spring barometer. A five eer ago in the second wikk o April, I wis lamentin that naebody tell't the organisers o the Balmoral Road Race that only feel gypes wid haud sic a prottick in April wi the sna dingin doon as we watch't the pechin loons an quines on the TV furlin roon aboot the castle gruns. Yet a twa wikks afore, it wis sark-sleeve order.

Then again, a three eer seen in the same wikk o April, it wis coorse wither and I hid a warnin fae a neebor that it wis a peyback fae the bonnie sunny days o Mairch.

The Gowk's storm shid be by, as weel, accordin tae wir aul fowk; that coorse wither aye aboot the middle o April wi the arrival o the Cuckoo. Ah, weel, ere's aye the Gab o' Mey tae look oot for.

For Esma and me, it cwid still be the Gowk's storm as we hae taen a day or twa aff es wikk. Feel gowks us? Maybe!

Noo, haein startit, it gies me the chunce tae catch up on the fine response I got fin last I screiv't aboot the aul-farrant sayins, bit I'll jist dauchle a meenitie langer on the gowk.

Hunt-The-Gowk wis anither name for an April Feel, tae be sent on a feel's eeran. Syne a gowk an titlin kyne o a pair wid be a marraless couple, the gowk the cuckoo an the titlin, the meadow-pipit that follows it in its flichts. Little an Large hid naething on them! Ay, the feel cuckoo taks the wyte o a feow o life's trauchles!

Gyan back, then, tae ma screid fin I quotit fae a reader that: "A Setterday meen an Sunday full, nivver wis guid, nivver wull."

Ilka district hid its ain variation, an thanks tae aa that wrote in on that een. Up Braemar wye it wis: "A Setterday meen an Sunday seen, gings three times mad or it be deen." A fylie o forebodin, indeed!

Then again: "The aul meen in the airms o the new" wis the variation o: "New meen wi the aul meen in her oxter" reca'd by Stanley Rothney, o Culter.

I likit es een fae George Ewen, o Banff, quotin fae his granfaither fa hid a craft at Whyntie. It's a wither forecast, George says, that still rins true the day. It's anent the Boyne Burn an the shingle bar at the moo o the Deveron, at Banff.

115

If the sea's roarin at the Byne
The wither wull be fine
If it's roarin at the Bar
The wither wull be waur!

An fit aboot es een fae James Lawrence, o Fraserburgh? "If the cock craws at nicht, he'll rise wi a watery heid". Ye hae been warn't! James sent in a hale lamgamachie o sayins wi the notie winnerin if ye kent ony aboot guid wither. Sign o the times, James?

So at taks me back tae es lang fine spell we've hin es last fylie. We'll tak ill wi't nae doot later bit, man, it fair kittl't up the tourist trade. I jist winner fit evil plot the midgies are hatchin up doon in the bowels o naitur's sanctuary. Dae they see es as a time tae pit forrit their season an hae a richt go at's? The eyn o the sark-sleev't toorist?

An fit aboot the watter situation? Oor pure, crystal-clear watters are the envy o ithers. Noo wi watter pumpit and bottl't here, ere an aawye, will we be sookit dry in es airt?

Michty, we're aye moanin! Nivvertheless, as I said, I hope the gowks are nae us es wikk gin the wither change. Be prepar't, as the wifie said, pittin her fit in't fin tryin tae spikk posh: "Ye're never shower fan there's gaun tae be a shooer."

See ye neist wikk.

There's no doubt that the auld folks in rural areas could predict the weather with the sun, the moon, the stars and the wind direction. It made a lot of sense, but now, even with the latest technology, they can't predict the vagaries of the North-east weather.

A bonnie place that gaurs ye be contentit

7 July 2003

O aa the airts the wind can blaw
I dearly loe the west

Robert Burns

Oor national bard penned those lines tae a tune o William Marshall on's honeymoon wi his Jean. Here, I maun noo confess tae ma latest love affair. Burns wid o made as muckle speed as me on the hinmaist 40 mile o single-track road I'd sweir, bit there she lay in wytin wi aa her finery – her wincie o green an broon wi spatterins o bog cotton, buttercups an early signs o bell heather.

I met her on a bonnie sunny efterneen wi eneuch pirl o win tae keep the midgies inside in their hidey-holes, an aa roon appear't island efter island. Like a map on the blackboord wi the pynter in the teacher's haun, there lay Skye tae the North far awa in the distance, an nearer at haun Muck, Eigg, Rum, Canna an even the sma isle o Soya.

Oot in front wis Coll anTiree, an traivellin a mile or twa tae the Point, ye cwid dasht near throw a steen ower tae Mull wi Tobermory roon the neuk.

Ay, it wis Ardnamurchan that stole ma hairt awa an I wis in the company o Jennifer, ma radio producer. As in the last feow years, we're in the middle o recordin oor *Scotland's Roads o Summer* series faur weel-kent personalities tak's roon areas o oor native heath that mean a lot tae them.

I'll nae spile the feature bi tellin ye ower muckle, bit oor guide last Tuesday nicht wis fiddle player an composer, Ian Peterson, fa wis brocht up in Ardnamurchan, sail't the sivven seas as a maister mariner an noo sattl't in retirement in Dollar, bit still a hoosie in the Bay far grandchildren foregaither ilka simmer holidays. The lauchin o bairns at play is the only thing tae braak the silence an tranquillity.

Ay, it's the sheer tranquillity o the place that gets tae ye an tae quote a sang, gaurs ye be "contentit wi little an canty wi mair". If coorse, I hid the advantage o a guide tae heist things up, an Ian's memories coupl't wi his continue't love o the place fair made ma day.

Tak his wee skweelie, for example; a skweel that eest tae hae a 40–50 bairns fae hill an dale – nae roads – huddl't thegither under a formidable teacher aa the wye fae Shetland fa drumm't the native Gaelic tongue oot o them. Sacrilege!

Sadly, a roll o bit fower bairns clos't the place jist efter the second world war, bit oot o that seat o education cam mony a learned body settin forth tae mak their mark. Ah, the advantage o rural education.

Ian's mark in latter eers his been on the Scottish dance-music scene wi braw compositions identifeein wi the mony moods o Ardnamurchan an beyond, includin Shetland, faur his faither, "Lowry o Da Lea", cam fae.

It wisna only the scenery at wis the attraction, bit the mainner o the fowk themsels. I kent I wis at hame fin we stoppit the car tae speir gin we were on the richt track for oor hotel at Stronachan. Weel we hid come aa that wye

o single track an we waur scarce kyn o biggins. The young lass said "Stronachan Hotel? I wouldn't go near there. What a place!"

She wis relatit, if coorse, an a freenlier waterin hole ye cwidna get wi neen o yer funcy city prices, bit maet o the finest.

I'll be back. I say es aa the time on ma stravaigs in the series, even if I canna get a trailer wi es new midgie machine tied on ahen an a sleepin peel tae pacifee Esma on the single track. "The trouble wi thae tourists," my host remarkit, "is that they canna reverse."

Tae finish, lat me tell ye o the shop at Kilchoan, the life-bleed o the area, an a veesit til't bi Denis Healey a feow eers back. He wis deckit oot in shorts, a regular tae the place, and wis inbye for's eerans. Haein stockit up weel, he flappit his pooches an wi an apologetic face throwe thon muckle bushy broos o his, said: "Oh, dear me. I seem to have left my wallet back home."

Bertha ahin the coonter wis for neen o't. "All right, sir," said she. "I'll look after your messages till you get home for your money."

He wis only Chancellor o the Exchequer at the time. See ye neist wikk.

That was a lovely day in the company of Iain Peterson, who has sadly now passed on and is buried in his beloved area of Argyll. He was a most genuine man who had earlier in his long career made his mark as a sea captain.

Fair enjoyin a special nicht o dance music

1 December 2003

Now the fiddler's ready
Let us all begin
To step it out and step it in

Dashing White Sergeant – Traditional

O aa the eers I hiv been presentin dance music on the wireless for Radio Scotland, I nivver experienced the electric atmosphere like last Monday nicht at the City Halls in Perth. Some o ye will hae heard it on Setterday nicht, bit ye hid tae be there tae get the real feelin, wi some 450 fowk on the dance fleer, anither 200 up in the gallery takkin't aa in, an nae feower than three bands dirlin oot the music.

Es wis oor speecial nicht in celebratin the 25 eer o BBC Radio Scotland bit, iv coorse, the dance music on a Setterday nicht on the wireless gings back an affa lot farrer than that.

The highlicht o the nicht tae lots o the fowk attendin maun o been the reformin o the 1971 band o Jim Johnstone as recordit on an LP ca'd *A Measure o Scotch*. This wis the soun that mony a young band-leader wis tae adopt at the time as the wye forrit.

John Ellis and his Highland Country Band follow't Jim on stage, and John his been broadcastin wi's band noo for the feck o 50 eer. There's been nae drap in quality, eether, ower that lang file, and syne it wis left tae Gordon Shand, o Tillicoultry, tae show that the day's bands are jist as gweed's their peers producin yet again a different soun.

It wis a nicht I'll myn back on for as lang's I'm spared and it opened the een o a feow ithers there fae within the BBC, jist tae see the popularity o the dance music.

I got a fair begaik a twa days later tae get a phone call fae a Glesga daily paper, takkin me as a chiel that kens a bittie aboot the scene, speirin if I kent the history o *The Dashing White Sergeant*. I wis able tae reel aff that the origins are nae Scottish, bit belang't tae the 19th century, wi the title comin fae a sang o the theatre composed bi General Burgoyne an tellin o a quine that dresses up as a sodger tae folla her lad to battle.

Fit wye wis he interestit, I winnert. Then I fun oot an umman body wis suing the Peebles Hydro Hotel cis she'd slippit an broken her airm in the middle o the dance.

Noo maybe the peer wifie his suffer't, an fa am I tae tell, bit generally spikkin, are things nae gettin a thochtie oot o haun fin uppermaist in some fowk's myns, gien half a chunce, is the thocht o a suppie siller oot o naething?

I ken the risk-assessment forms an aa the falderals nott fin recordin a dance-music programme nooadays, an it's the same wi village halls, sports arena an ootside parks. Ye canna be ower carefu bit, dasht, we hae gaen ower the score.

I myn fin I hid the Garlogie Four an played regularly at the Douglas Arms in Banchory an ither placies for waddins, foo we held on the slipperene wi nae thocht o danger. Wi a dram in, the pace cwid kittle up an mony a lass wis skytit ben the fleer landin heelster-gowdie aneth a cheir at the side o the hall.

There wis ae lad I myn on that tried tae swing his partner aff her feet, bit come aff warst – horizontal, he wis – a three fit aff the fleer syne bang doon he went shakkin the stage tae the foun an coupin oor music stands. On haulin him till's feet, I speirt if he wis aa richt, tae be greetit wi a grunt an a mutter't: "At's Life."

There is a happy medium, an I eesed tae cringe files at the roch haunlin the lassies wid get, bit surely if ye accept the invitation tae get on tae the dance fleer, then ye've naebody tae blame bit yersel or yer partner gin ye tak a tummle.

Dancin is fun. It's gran entertainment an I feenish wi the story o the shepherd in the borders that speirt a lassie up for the *Mississippi Dip*. In es dance there's a bit faur ye baith hesitate, syne boo the knees slightly as if gyan inta a crouchin position. The lassie, nae that familiar wi the dance, speirt at her partner "When do you dip?"

"Oh" said the shepherd, "at the back eyn o the season, lass."

See ye neist wikk.

From my days of playing at weddings to today's social events, we have gone from devil-may-care to being too safety-conscious. The hall committees all have their risk assessments to fill in now. These are necessary in today's world, but the lack of trust within our society is surely sad.

Me an modern technology jist dinna get on

9 February 2004

That thing o wheels an pipes an nuts
I hoped she'd burst her blinkin guts

The New Tractor, by Innes/Mackie

It wis tae be a normal day at the office as I keesht ma jaiket an sat doon at ma desk. Far Mains wid o taen the startin haunle, I rax't doon tae the button aneth tae fire up the computer. Noo, some o ye will be acquant wi the epic poem o The New Tractor written awa back a 50–60 eer syne fin Mains wis persuadit bi W.P.D. Innes, a rep fae an agricultural-engineerin firm at Turra, tae buy a tractor cis baith his horsies were weerin deen.

Here I pass on ma sympathies tae the Innes faimily as I read es last wikk o the death efter a lang illness o Jean Duncan, the dother o W.P.D., an the lady that gaed me permission tae recite the poem in ma early days o broadcastin. Happy memories, an regards, folks.

Weel, like the spleet-new tractor that got Mains' birse up, I wis seen "tae ken fit tribble meant" aa ower the heids o a paper clip wi twa preen-heids for een that wis tae haunt ma computer screen.

Ye see, the first thing I dee is tae get rid o aa the junk

mail wi a delete key gyan 20 tae the dizzen. I'm sure the seedy merchants hae a different meanin o *Take The Floor* as we're pester't wi peels, bare-naikit wifies an, tae quote Robert Burns: "Wi mair o horrible an awfu which e'en tae name wad be unlawfu."

Weel, did I nae jist get a thochtie ower trigger-happy an jist catch't the eyn o a genuine query for the programme makkin stracht for the boddomless bucket. Noo, as I hae said afore, me an modern technology dinna get on, bit bein Setterday mornin an nae help at haun, I wid try an retrieve the message.

I wis fair prood o masel as efter tryin ilka File, Tools and Help I cwid lay hauns upon, up cam es freenly lookin beastie in the form o a paper clip wi appealin een sae peetifu like, aa ready tae help.

Ay, I got the message back an wis gled fin the paper clip transform't itsel inta a bike – I'm nae jokin – shot ower a wavy sheet o paper an like Mains' tractor, boggit in the hinmaist neuk.

Only it didna bide there, an nae maitter fitna file or envelope I opened, back it cam, files shakkin its heid, files noddin an files shiftin's een in a look at meant "ye feel gype". Losh, I cwid o strangl't the craiter as aye it speired gin I wintit tae permanently get rid o onything an aathing I expos't tae the screen.

Bi the time some o ye get roon tae blawin ower yer brose an gettin up tae date wi yer P&J, I hope help will be at haun, for es damnt craitur his hauntit me aa wikkeyn.

It's modern technology – bah, humbug – an ere's mair tae come I some doot as Esma his enroll't for a sax-lesson coorse on foo tae operate a digital camera. Losh, the square

125

box Brownie wis ower technical for me an it's a lang time since I posed for a mannie wi a cloot ower his heid tellin me tae watch the birdie.

Wi the loon noo wirkin in the deepest sooth, it seem't a gweed idea tae mak eese o the computer wi news an photies, so forsakin the usual perfume, socks an hankies, the wifie informed me that we wid share a present es eer. We'd haaver a digital camera. I'm feart tae look inside the box, bit I gie Esma credit for her bravery. It'll be something else tae write aboot shortly, I've nae doot.

Oh, ay, an ye'll notice that nae only dis modern technology baffle, bit sae his the language meev't on tae match. A freen e-mail't me the ither day compleenin aboot the use o the "in-word" *dysfunctional*. He heard o a wifie on the wireless the ither day spikkin aboot a "dysfunctional environment" an thocht that it maybe referred tae the waterie at eest tae be at the fit o the gairden.

An I feenish on the young loon blawin foo, at the touch o a computer key, he cwid get in contac richt awa wi Miami, Mexico an Missouri. His plooman granfather wisna impress't. "Ach, at's naething," said he. "For eers I've rax't aneth the bed an got china."

See ye neist wikk.

I still haven't come to grips with more than the basics of the word processor. That paper-clip mannie really riles me.

I doot it his tae be Shanks's meer for me

14 June 2004

Be it sax or sivven mile
Tae some toon,
Weel, what's the odds tae me.

The Twa Gadgies (Anon)

It wis jist a twa wikk syne that I wis on aboot the fickle traivel bi air up an doon tae Shetland, fog the ae draaback an the crashin o the netwark's computers the tither. Weel, I some doobt for me Shank's meer is the only sure thing that I win the lenth o ma destination cis road an rail hid me teerin ma hair oot as weel, fit's left o't, es last wikk.

Lat's yoke wi the car. On Monday last, I wis fair trickit tae be speir't tae front a video for Voluntary Service Aberdeen tae reeze oot the different sections o the city's major charity as ivver relyin on siller fae the private purse.

Noo, I wis tell't that es meant that I'd tae get ahen the wheel o a motor car hoppin roon the sivven different charities under the VSA umbrella. Noo, I hae faa'n in love wi the smaaer motor I got jist a filie back, so wis tae get a begaik fin I saw the muckle monster o a machine wytin for's at the Castlegate.

It wis spleet new an lent bi a kind benefactor nae doot lookin for a bittie o publicity, an I near took a dwam tae

127

be tellt es Jeep (fower-bi-fower disna come easy tae my tongue) cost the guts o £55,000.

"Me drive at? Awa an bile yer heid!"

Nae ony amount o protestin got throwe tae Alasdair, o VSA, as he said he wid tak it as far's Auchmill Road an there I wis tae tak ower far twa billies wi cameras were wytin tae catch the presenter an's posh motor.

Auchmill Road? An fit neist? Ma hairtie near gid oot athegither fin I lookit doon at's feet. It wis an aatamatic an I hae driven een o them jist the eence afore.

Weel, the time cam tae swap seats an maitter-o-fac-like the cameraman gid's ma instructions tae haud ben tae the muckle roonaboot at Bucksburn syne richt back tae the toon an furl roon Haudagain roonaboot. Haudagain i the steer o traffic? I'd raither hae picket Hyde Park Corner.

Release the park lever; myn an keep ae fit tae yersel, an aff ye set. Bob's yer uncle. Weel, the first obstacle wis a sma road sweeper wi a 20-mile-an-oor limit sign so, kennin if I pass't it that wis aa the camera billies wid capture, I naiturally wid slap on the brakes. The sudden halt caast me tae look in the mirror tae see foo mony cars hid concerteena't ahin.

Lucky there, bit there wis a fair rummle fae the back seat as peer Alasdair doupin doon oot o sicht o the cameras took heelster-gowdie on tae the fleer, papers fleein aawye.

Na, thon wis ower scary for comfort bit, losh, I surviv't, tho thankfu tae han back the motor wi a clean bill o health – it *an* me.

So on tae the rail. Ere I wis haudin north bi train on Friday evenin bound for the Keith Festival an swappin a news wi a lad that wintit a keekie o ma paper eence I wis throwe wi't. It wis then I doz't aff tae bi waaken't bi a quaet wird fae ma fella-traiveller which I sweir I thocht wis "es is far we get aff".

Es wis far he hid tae get aff an I treetl't on ahin. I wis tae be met in the car park at the station at Keith, bit lookit in vain for ma hurl. Syne it daan't. There wis the roar o the diesel githerin speed an I cwid only watch as it disappear't up the track. I hid come aff at Huntly, an me due tae be on stage at the Royal Hotel, Keith, short o an oor later.

At wis somethin I wisna alloo't tae lat doon, I tell ye, an the sang o the Twa Gadgies got big licks. It's sax or sivven mile tae some toon, bit fit's the oods tae me!

Jist as weel, I wis tellt, that First Group hid jist won the franchise for Scotrail. At least wi local knowledge they'll ken far Keith is!

An finally, the wird "traivel", tae us in the North-east, jist means on wir ain twa feet – naething mair, naething less. It's traivel for me, I some doot, fae noo on.

See ye neist wikk.

Haudagain is a notorious roundabout and a bottleneck for all travellers by car, bus and lorry heading into and out of Aberdeen via Bucksburn. It's also about the worst place in the city for traffic volume that they could have taken me.

Gyan oot an aboot tae the favourite neuks

13 September 2004

To homeland, friends and language
Keep ever staunchly true

Memories of Mull, by Angus MacIntyre

Wi ma stravaigin on oor simmer series for Radio Scotland's Sunday programme aa by for anither eer, Esma and me hiv been haudin wir ain roadies es past twa wikks an dasht, we fair pickit the wither.

The first wikk saw's back tae a favourite hotel at Dornoch lookin ower the first tee o the famed golf coorse, an it wis jist as weel I didna heed the wifie's advice tae stick the golf clubs in the boot, for the notice peen't tae the clubhoose door forbad ye howkin up the bonnie turf an flailin amon divots unless yer handicap wis under 24. Nae chunce.

Syne on the second wikk, we were hame-based, bit haudin oot ilka day tae a different pairt o the country an a favourite hotel for fine food an gran company. I hiv hid a feow wirdies o complaint anent some o the placies I stoppit tae eat on oor official simmer stravaigs bit, losh, fin a body kens their ain hame grun, it maks aa the difference.

In es column, then, ower the aucht-wikk series, I touch't noo an an on the placies wir selectit guests took us till, bit it's time the day tae reflect on the fowkies emsels that waur sae eager tae tak pairt an sae easy tae chat wi.

Ere's nae doot the formula o gyan oot an aboot tae their favourite neuk o Scotland wirks, for ere's nae wye a studio interview wid hae brocht oot the human side sae weel.

I suppose it's a bittie unfair tae pick oot a favourite guest as they were aa gweed an fittit inta fit ma programme o *Reel Blend* is aa aboot, a format describit sae weel bi Angus MacIntyre in that quote at the heid o the column. We maun haud on till an reeze oot oor ain hameland, freens an language.

I think on Michael Martin, the Speaker o the Hoose o Commons, on lookin up the faimily baptisms at St Patrick's Roman Catholic Church in Anderston, an findin oot fae the records runkit oot bi the parish priest, that it wis his faither, an nae himsel as he thocht, that hid been a peer craitur at birth an nott baptised richt awa. A maist humble man I fun him tae be, an kent aa ower Springburn as plain Michael.

Jackie Bird, presenter o *Reporting Scotland* on BBC Scotland TV, wis anither een that won me ower completely. A richt fine quine, a tomboy in her days as a bairn playin aa day in the cooncil park near her hame in Hamilton an, if coorse, I hid tae bring up the subject o appearin in front o the cameras aa doll't up tae the nines.

"You mean that dress," she mockingly protestit. "The dress I wore at a Hogmanay Live?"

"No, I wisna meanin at," says me leein tae the teeth, and up she cam wi the advice fae her faither the wikk efter fin the papers were haein a go at her. Trust a faither

tae bring a dother doon tae size. "Ay," he said. "I told you you should have had a boob job."

Then I'll nae forget in a hurry fin Jessie Smith took us tae a ceemetery at Pitlochry. Jess is fae a travellin background and his written a couple o gran beuks on her days on the road wi Mum, Dad and eicht dothers bidin in a convertit bus.

In a sma section o the ceemetery wis a raa o simple graves, some wi nae name, bit aa the last restin places o fit wid o been ca'd the tinker clan then. They werena alloo't tae be beeriet aside the "ordnar" fowk.

Then there wis that day Fiona Kennedy took's richt throwe Skye and took alang her dad, the great Calum Kennedy, noo an invalid efter a stroke an hardly able tae spik. We swappit a lot o memories at day, includin the Tivoli.

Ay, in oor sometimes dour North-east wye, we tend tae think on the personalities as aye bein that wye, up on a pedestal tae be reez't oot or knockit doon. I saw the ither side: the same as us an prood o their upbringin.

Tae quote oor National Bard: "The honest heart that's free frae aa intended fraud or guile, however fortune kick the ba, has aye some cause to smile."

So for me, it's back tae the aul claes an porritch.

See ye neist wikk.

The series on Scotland's Roads of Summer has been running for a few years now and I thoroughly enjoy meeting the personalities in their home environment, genuine folk away from the glare of publicity. Sadly, Calum Kennedy is no longer with us.

Capturin Toulmin an the time he liv't in sae weel

4 October 2004

The raikit stibble parks
lie teem an quaet
Wytin for the ploo

Ae Mair Hairst – Flora Garry

The lang shaddas in the gloamin o the muckle bales – roon an squar – jist disna hae the same appeal as a weel-stookit park we baith agreed, as we gaed back in time on wir road oot tae Langside on Setterday nicht tae tak in the new play centre't roon the life o David Toulmin.

Syne sittin in the packit hall, we werena tae be disappintit. Congratulations tae the hale cast an, if coorse, the playvricht, Charles Barron, on capturin the man an the times he liv't in sae weel. The saut tears were tricklin doon ma chicks a feow times, lichten't bi the odd swatch o roch humour that stumps itsel as "strictly Doric", an I winnert foo the faimily wis copin in the front raw neist till's.

I got the answer fin we met backstage efter an sae gled they thocht the same wye as masel. Ye'll myn I screiv't a bittie on't in last Monday's column an that leads me on tae yer phone calls an letters.

First aff the mark wis Esma's uncle Arthur, takkin's tae task in sayin that the clyack shaif wis the hinmaist een o the hairst. At wis closely folla't bi Evelyn Shirran, o the

134

Brig o Don an o fairmin fowk, tae say I hid gotten things a thochtie skyow.

Ay, maybe I cwid o wordit it a bittie better, for the clyack shaif signifeet the eyn o the binder an nae the hale hairst. We still hid the rucks tae big fae the foun afore "winterin", as Evelyn pit it sae weel.

Weel, I hae tell't ye afore, tho a country loon tae the verra marra, I wis nivver that muckle acquaant wi fairm wark so wi the stibble parks an the muckle bales the inspiration, I turn't tae Esma on wir road oot tae Langside.

Hairst brocht back tae her the days as a wee quinie stridin throwe the park wi the basket fu o hame bakin, the kettle o tae an the enamel mugs edg't in blue. The men were sair vrocht an mangin for the cup that cheers.

"Oh," she said, "an ma bare legs powkit an splash't wi the sap aff the stibbles."

Syne the leadin, an at's fan the clyack shaif cam inta play – the hinmaist een o the hinmaist park hung up on the palin or the byre. She myns, tee, on the Harvest Homes in the Big Hoose. Doon sooth they ca'd them Kirns.

The pride o the hale season, tho, wis the biggin o the rucks, an here I tak ye back tae the skeely wirds o David Toulmin.

"Badgie . . . took the cart you were driving and put you on the stack and showed you where to lay your sheaves, round by round from the inner circle with plenty of hearting in the middle and a gentle slope to the outer edge, Badgie forking all the time and directing you right to the topmost pinnacle of the stack, then gave you a hand to rope and secure it against wind and weather,"

There wis a pride, a gran sense o achievement, then,

135

efter aa the hard wark, an naething better than a fu an tidy cornyaird; a gran example o the finest architecture.

We mindit, tee, on the lang oors, the wytin on the wither fyles haudin things back, wi the binder an the stookin. Like the fairmer fa hid been markit absent fae the kirk for a Sunday or twa tae be met in the middle o the wikk bi the meenister, fa tickit him aff on's lack o attendance at the Sunday sermon.

"Weel meenister, it's like es," said the fairmer. "Better sittin on the binder thinkin aboot the kirk than sittin in the kirk thinkin aboot the binder."

So back tae Evelyn Shirran an winterin noo upon's. A keekie at the Scottish National Dictionary reminds that bringin in the last cairt-load wis ca'd bringin in winter, an fyles this wis heraldit wi a pail o watter thrown ower the body bringin in the hinmaist load. Oh, ay, an the tattie howkin hid tae be by, as weel.

Ay, things hae cheeng't a lot ower the last 50–60 eer, bit Mither Nature still his her fickle wyes, wi joys an sorras in her wake.

Ae mair hairst! The hinmaist wird fae Flora Garry: "She promised weel eneuch – a heavy crap . . . an syne the wither broke."

See ye neist wikk.

Farming has come a long way, but with modern technology it has meant a sharp decline in community spirit in rural areas. Changes have been dramatic within my own lifetime, all but cutting out the labour force of the "fairm touns".

Sprootin a reed face watchin Balamory

11 October 2004

What's the story in Balamory
Wouldn't you like to know?

Balamory – BBC2 TV

On Thursday morning, I fun masel in the main reception area o the BBC at Beechgrove at the back o nine sittin in front o the muckle TV for aa tae see as they cam treetlin in tae wark. I hotch't back an fore as aye I got the ither glower an the odd remark, for there I wis starin in tae the antics o Miss Hoolie an the gypit PC Plum.

Noo, I thocht, fit if Alex Salmond wis tae come in for a live interview an wintit tae catch up on the latest news? Fit wis I tae dee? "Sorry, sir, bit ye canna switch ower cis I'm watchin Balamory?"

Lat me explain. It wis Jennifer, ma producer, wi twa young bairns hersel, fa cwidna believe I hid nivver watch't the kids' programme that's a must in hooseholds wi littlins tae keep amus't an happy, an we were leavin at 10 o'clock tae ging doon tae Glesca tae spik tae een or twa o the cast for wir Sunday denner-time programme on Radio Scotland.

I wis gled I did, for nae only cwid I news as tho I kent them aa weel, bit I cwid appreciate the skeely wye different daily episodes are pit thegither.

The action is based roon the village o Tobermory, in

Mull – a place I ken weel – bit I wis surpris't tae fin oot that only a twa wikks' filmin wi cast is deen on the island, an 'at oot o a series o some 60 episodes.

Maist o the filmin taks place in a muckle modern biggin aff Maryhill Road in Glesca. Ootdoor back-up scenery can be deen athoot the stars an there's an affa lot o skeely thinkin, editin an shooin thegither afore the feenish't article.

There's a rare buzz aboot the sets, as weel, aa set up in different pairts o the biggin an left there – nae shiftin o scenery. Ye ken that the cast are fair enjoyin emsels jist as muckle as the kids fin they look in an they tak their responsibilities tae hairt tee an haimmer oot messages o safety an the like in the script as much as the wee brains will tak in.

Jist fit did we dee afore the TV? Myn you, we hae fond memories o the programmes we watch't in the days o black an fite an a thochtie aaler than Balamory's aadience. Myn on the Woodentops, Bill an Ben, syne Trumpton as we recitit something like: "Pugh, Pugh, Barney McGrew, Cuthbert, Dibble an Grub"? Weel, something like 'at.

It seems the day's littlins an eens early on at skweel identifee mair wi real fowk, an at's the secret o Balamory: the script's pitch't deliberately ower the tap, bit they haud the kids' attention.

Ay, it's chang't days tae fan it wis the wireless for me: *Doon at the Mains* wi Auntie Kathleen, sittin doon in front o the fire makin rugs oot o torn-up cloots. There's a link, tho, in Balamory tae yon days as the only aul-timer in the cast is Mary Riggans, fa tellt's that she first performed on radio in *Doon at the Mains* an kent Howard Lockhart an

Kathleen Garscadden weel. Mary ye'll ken, tee, as Effie in *Take The High Road*.

Noo, lat me tell ye that the reed face that sprootit watchin the TV on Thursday mornin flash't up again fin oor mission wis complete doon in Glesca. Jennifer still hid tae haud in by the BBC at Queen Margaret Drive tae get a CD o the music tae pit inta wir feature, bit kindly drappit me aff at the nearest hotel wi the partin shot that she wid collect me bi keepin in touch bi the mobile phone.

Weel, I gaed inta the bar lounge wi nae a barman tae be seen, doupit masel doon at the coonter an wid dial hame tae lat Esma ken I wis tae be a thochtie later in gettin up the road.

She wisna in, bit jist as the answerin machine said: "Sorry, the Shepherds are not at home, but if you'd like to leave a message, please do so after the tone", the barman wis at ma lug speirin fit I wid like tae drink. The wifie got a begaik fin she press't the flashin button fin she cam hame tae the openin wirds fae her man: "A bottle o lager, please."

See ye neist wikk.

I can only repeat "once a bairn, always a bairn" as with the Teletubbies. This time, it was all in the line of duty. Balamory – believe my story!

Explorin the place names o oor ain airt

22 November 2004

At Cushnie Caul
I bigget my faul
At Eninteer
I simmered my steer

Old Place Rhyme

Place names o wir ain airt haud a fair attraction tae lots o fowk, masel includit, an sure eneuch up will come Jericho an Egypt. Shid strangers be in the company, ye gaur them pronounce Strachan on Deeside an nearhaun Finzean.

It's a three eer syne since I screiv't a column on a beuk o Scotland's place names and noo I fun masel mangin tae get ma hauns on the latest beuk o that fine wordsmith Robert Smith, for lang editor o the Evening Express. It's jist oot an ca'd *The Road to Maggieknockater,* an I'll sweir Bob pickit the name weel, for it fair loups oot at ye jist as the bold, fite-pentit letters eest tae welcome ye fae the taps o a raw o beehives as ye enter't the clachan.

Nae for Bob, tho, tae be content tae gie's an explanation o the name an leav't at that. Na, faith ye, we're taen on a journey (weel, day-lang hikes that wid cover a hale eer), newsin tae es een an at een, an aye comin up wi a fascinatin accoont o local history or the rich Doric upcomes, past an present. It fair helps, tee, in that the aathor kens weel his North-east an

141

the ballads, rhymes an sayins that ging alang wi't.

Gyan back tae the rhyme at the heid o the column an wi lan at Leochel Cushnie (Cushnie Caul) an it's nae lang afore we hae a news wi ma aul freen Henry Gray, the haimmer thrower an noo respectit judge at the Heilan Games. Henry fairms at East Eninteer, the second name in the couplet.

We're remindit o the time Henry went in for a competition in the Music Hall in Aiberdeen featurin the cairryin ower the stage o the famous Dinnie Steens that Donald Dinnie cairriet fae ae side o the Brig at Potarch tae the ither. The eer wis 1953 and Henry got his £10 prize haein train't bi tyin fower 56lb wechts thegither an traivellin wi them aroon the laft in's steadin.

Bi the wye, tae feenish that opening rhyme, "I biggit ma faul" means that I built ma sheepfold, and "simmert my steer" is naething tae dae wi maakin porritch. Na, it meant that I grazed my cattle aa simmer at Eninteer.

I honestly dinna ken faur tae tak ye till neist for there's hunners o wee place names worth the lookin intil and ye'll hae yer ain airt tae think aboot. It's nae a beuk, tho, tae pick up an read at the ae sittin. Jist ee tak the different roadies at yer leesur.

Bob quotes the poem o "The Traivellin Preacher" far . . .

Up tae Tough an Doon by Towie,
Gaed the Wifie an her Bowie.

So again we've on the strong hikin beets an wanner aa roon that airt. Far did Keig come fae? Weel, it cwid be tae dee wi the kiltit MacKeggies comin ower Bennachie an doon the Lord's Throat tae big a settlement. On the ither haun, maybe no.

Muggarthaugh? A muggart wis a makker o widden dishes.

Creeshie Raw? At's ootbye Langside, an Creeshie means greasy.

Bothanyettie? In the lythe o Morven, that place taks its name fae the bothy o the juniper.

Noo, it's nae jist the names o clachans, fairms an villages that draa yer attention, bit the facs anent them are o illicit stills, evil deeds, kindly fowk an, ach, onything pertainin tae the placie Bob taks ye till.

I micht o expectit a glossary, tho, tae fin ma wye aboot, bit then again at wid tak up a fair feow pages.

Tae feenish, a wee story fae the beuk aboot a stranger fa gaed looking for an Alexander White – Sandy Fite – in een o the Buchan coastal villages. He knockit on een o the doors an a quine open't it. The news gaed like es.

"Could ye tell me far Sanny Fite lives?"

"Fit Sanny Fite?"

"Muckle Sanny Fite."

"Fit Muckle Sanny Fite?"

"Muckle, lang, gleyed Sanny Fite," snappit the frustratit stranger.

"Oh, it's Goup-the-Lift ye're sikkin," cried the quine. "Fit wye did ye nae speir for the man by his richt name the first time?"

See ye neist wikk.

Place names are fascinating, but so are the folk within and the customs surrounding them. The reference to "The Traivellin Preacher" is of the itinerant minister who used only the one sermon – that on the wifie and her barrel.

"Syne hame by Rhynie and Strathbogie
Cam the wifie and her cogie".

Domestic duties an me dinna see ee tae ee

6 December 2004

It wisna his wyte he wis beddit sae late
An him wae sae muckle tae dee.

It Wisna His Wyte, by Charles Murray

Like the cat, I hae been chasin ma ain tail since last Wednesday an nae comin muckle speed fin aa's said an deen. Ye see, I hiv been bothyin cis Esma gaed inta Woodend Hospital tae get hersel a new shooder. She's gettin on fine, bi the bye, an I'll hae her hame hopefully bi the middle o the wikk.

Noo, lat's admit for a start, despite aa tellins, I jist hidna prepar't eneuch aheid for the bothyin days, an onybody that kens us weel will unnerstaun foo domestic duties an me dinna see ee tae ee.

Ere canna be onything waur nor shoppin. Syne washin an ironin? Weel, I wid hae tae ging back tae ma National Service days in the RAF, och a mere 50 eer syne, fin last I took the subject seriously.

I'm a 'picker', tee, fyles fin it comes tae aetin on ma ain, so ye can see foo Esma did her best tae prepare's for the 'lonely-in-the-bothy' caper. Oh, an tae say naething o screivin es article.

The routine his aye been that I rise at the back o fower on a Sunday morning, mak masel a cup o coffee, sit doon wi the pencil an the rubber an syne scribble awa.

144

Back upstairs a couple o oors later, I read it ower tae a sleepy-heidit quine wi ae ee open an fyles, I'll sweir, lugs shut. Getting the grunt o approval, Esma syne gets up an pits it on tae the computer afore I treetle awa tae the BBC tae mak ready ma Sunday radio programme. She then e-mails the feenish't ramblins tae the paper.

The computer! Ere's me on the coontdoon o Wednesday's departure tae Woodend scribblin doon notes on fitna button tae press, fitna key tae meeve es wye an at, an fit wye div I stop masel dichtin the hale lamgamachie clean aff the sklate?

Weel, noo, ye're reading es the day, so we made it, tho I'll nae leet dab fit wye.

The biggest panic wis on the printin oot a copy for masel. I noo ken that the eident computer operator o the household stores aa the Monday ootcomes aathegither, an faur I thocht I wid jist be printin aff es wikk's een I hid as muckle paper spewin oot as wid o decoratit the hale hoose.

In the fridge, I'm weel supplied wi the latest micro-wave maet, braw boxies an fantoosh titles wi instructions that wid fear the verra deil himsel. Ye canna hae mince an tatties ilka day bit, losh, I wis sair temptit tae ging oot tae ma mither at Echt an ging haafies wi her halesome meals-on-wheels.

I thocht I hid sarks an matchin ties bi the dizzen, aa wytin thegither, neatly iron't, in the wardrobe, bit the raa's getting gey near nyakit. Fit did ma sister-in-law offer again? Thrawn tho I wis at the time, I micht jist hae tae aet humble pie there.

Spikkin o sisters-in-law, I wis on the phone tae baith

o Esma's sisters separately, me sittin in front o ma newly rediscover't coal fire wi the sticks sparkin awa in the fine lowe. On telling them tae harken tae that, they baith hid the same answer: "Myn an pit on the fireguard." I thocht it wis only Esma an me that kent I wis eeseless aboot the hoose, bit noo I ken better.

Report caird: Day sax: Bothyin Coorse: Maun dee better!

Ah, bit the shoppin blaiks aa. I wis coppit richt bonnie ae day fin I fun masel in Inverurie wi instructions that fin I wis oot ere onywye wid I collect a sma thingie she hid order't fae a shop in West High Street. Comin oot the door, I bumpit inta Frieda Morrison, fa presents the Beechgrove Pottin Shed afore me on a Sunday on Radio Scotland.

Robbie! Shoppin! Inverurie! The look on her face said it aa. Ah, bit wyte for't, I hid jist wyv't my wye throwe a birn o steys, bras an bloomers in Lovies an cam oot clutchin an ounce o wool. That ba o oo! I hope it's for the wifie's therapy, for I fair draa the line at knittin ma ain socks.

I tak the opportunity tae thank ye aa again that hae been speirin kindly an, as I said, Esma's gettin on fine.

See ye neist wikk.

Not for the first time have I admitted in these columns that domestic chores and practical jobs are not my strong points. My wife, Esma, certainly agrees.

Fair fed up wi speirin on the phone tae experts

31 January 2005

Things are nae the same they say
As they used tae be in oor young day

We're Nae That Guid Tae Please, by Jimmy Wright

Bonnets on, we brace't the win makkin wir wye hame at Friday teatime, haein wir usual argie-bargie pittin the warl tae richts ower a dram in oor local. Crossin the Ellon Road jist ower the Brig o Don is nae mowse, an haein press't the button, we mumml't tae een anither that it taks langer an langer for the cars an larries tae stop thunnerin by tae lat's get ower the dual carriageway in ae bit.

Syne it daan't! Tae see oorsels as ithers see us! The last o the simmer wine, an twa guesses fitna een o the three o's wis Compo!

Colin's back wis aa tae hell an he set awa hame tae lie on's belly. Donal wis fine, bit winnerin o deein awa wi's time-share in Minorca, an me, weel, I wis in es last wikk as a day-care patient getting the flue brush doon tae redd ma thrapple. Noo, at's anither story, bit nae for the tellin es wikk.

Na, ma main subject wis a phone call ower the heids o a glossy fower-page pamphlet Esma got throwe the post winnerin if maybe she wid qualify for extra state pension gin she wis tae pey voluntary National Insurance contributions.

"Please do not worry" stare't oot at ye in bold print. "This is not a demand for payment. Any additional payments are entirely voluntary".

Naething venture't, naething gain't, so on the phone I went tae get throwe tae Janice, fa speirt if I wis Mrs Shepherd. Noo I wid o thocht aabody wid ken that I hiv a man's voice, bit nae Janice.

"Is Mrs Shepherd there, then?" On telling Janice that Mrs Shepherd hid poppit oot for a filie, oor conversation cam tae a deid halt as Janice jist hid tae spik tae Mrs Shepherd. I protestit it wis jist a general inquiry tae see if I shid tak it ony farrer, bit na, faith ye, like Muggie Thatcher, the lady wisna for turnin.

Ah, weel, the wifie hame noo, an wi me telling her tae runk oot onything or aathing for means o identification – car licence, passport, fan last she clean't her teeth – I wid get on the phone again. Es time it wis Nattie, an eence again I quotit Esma's National Insurance number.

"Is Mrs Shepherd there?"

"Michty, ay, she's richt here at ma elbick."

Passin ower the phone, aa that Nattie speirt wis whither she wis, indeed, Mrs Shepherd. It cwid as weel o been a bidie-in, the lady fae Betterwear, or the midwife – weel, hardly – an at wis aa that wis said. She wid be pitten throwe tae an "expert" upon which she handit the phone back tae me.

Noo, I'm fond o music, bit gettin "ta-ta-ta-ta-ta-dee-da" dirlin in ma lugs for a five meenits wi the occasional: "Sorry, the lines are busy. Would you like to hold?" is nae muckle comparison tae a birlin Scottish reel, an eventually Nattie cam back tae say she wid get oor expert tae phone back.

"Oh, I'm gyan oot, so foo lang dae ye reckon he'll be? A five meenits maybe?"

"We promise, Mr Shepherd, that we'll get back to you within five working days."

FIVE DAYS! An fit wid happen if I wis oot? They wid try three times, I wis tellt. Then fit?

Onywye, the expert did phone back an oor or twa later. The letter that cam wi the pamphlet said Esma wis short o a 37 wikks' contributions fan she wisna workin a five-eer syne an bi peyin jist ower £200, she micht be entitl't tae an extra £1.59 the wikk.

Es wis aa the expert mannie wis able tae tell's in aa, an fin I speirt gin it micht be backdated an naething tae pey bi taakin in baith sides o the bargain, aa he cwid come up wi wis that he wid send up a form tae fill in. Noo, cwidna Janice nae hae deen that?

Nae only that, bit the expert mannie said that cis o the muckle backlog, it micht be a twa month afore he wis able tae calculate.

Damnt phones! It myns me on the lad at the ither eyn o the line gettin a phone call fae his wife as she cam stracht oot o the doctor's. Aa excitit, she jist hid tae tell her man: "Geordie! Great news! The doctor says I'm pregnant!"

Ere wis a paase, syne back cam the reply: "Fa's spikkin?"

See ye neist wikk.

We all know the frustration of these automated switchboards and it was more than five months before Esma got her backdated pension – not a fortune, I may add, but we were determined to follow up just for the principle of the thing.

Sattlin doon tae steer the fine hotterin porritch

7 March 2005

He was whistlin to the porridge
that were hott'rin on the fire

The Whistle, by Charles Murray

A sleepy-ee't wifie cam treetlin doon the stairs on Setterday mornin as I sat triumphant, speen in hand, ower a steamin-het plate o porritch. I lookit up an said: "Ye maun try ma new recipe for porritch", bit es jist brocht a grunt that meant she wisna affa keen tae be a guinea-pig at at time o the mornin an, fit's mair, I tak ma life in ma hauns takkin up residence in her domain – her kitchen – jist is it's my coal fire.

The idea wis brocht on bi the sad news a wikk or twa back o Duncan Hildrich, o Portsoy, fa's porritch-makkin skills won him the World Championship Golden Spurtle trophy fower times afore becomin a judge tae haud him awa fae winnin near ilka eer.

I'm damnt sure I read somewye that he plunkit a drappie o honey inta the mixter jist tae mak it at bit special. "Gyad Sakes!" wis the wither't response as the wife steed ower the toaster still ignorin that second platefu wytin tae be snappit up.

Oot she cam wi a packet o MacDonald's "The Oatmeal of Alford" an pyntit tae the recipe at the back. "Noo, that's foo yer mither maks it," she said, indicatin that it's saut an watter tae start wi, bringin it tae the bile an syne sprinkle in the oatmeal, steerin aa the time an let the porritch simmer for a five meenits or it swalls.

Damn the lenth. I hae my ain wye. Tae mak porritch for twa, I pit three heapit speenfae's o oatmeal in the pan, a tickie saut an in aneth the caul water tap jist tae cover the contents, steerin awa tae save the knots. Syne in goes the bilin watter an on tae the cooker, steerin aa the time.

Bit es time, for that speecial tasty dish, I runkit oot the jar o honey.

Noo, dinna leet dab tae a sowel, bit it's jist as weel Esma delay't her entrance tae her bonnie kitchen, for I pit in the honey alang wi the bilin watter an sattlin doon tae steer at the cooker, I cwidna see the oatmeal hotterin as in Charles Murray's poem. Richt ower the tap o the pan cam a bubblin-het, fite spray as tho Vesuvius hid eruptit.

Siccan a sotter wis aathing in bit, ach, I got it queel't doon again, porritch saved, bit a soss tae clean up. I canna myn readin as tae fan the honey wis suppos't tae be addit.

Ah, weel, there goes my chunce o *Ready Steady Cook,* tho I see my prospects were fadin onywye as the BBC is cuttin doon on sic programmes, an even in gairdenin Charlie Dimmock's assets are tae be happit awa for good. Nivver myn; I can aye jine Jamie Oliver on's *Hungry for Success* programme tae improve skweel meals.

He hit the nail on the heid bi sayin the success is aa doon tae the denner ladies that hae a passion for fresh food. Ay, even the rural primary skweels are weel serv't nooadays as, stannin ower my hotterin porritch, I thocht back tae ma days at Dunecht Skweel wi Eedie Bonner arrivin at the same time as us bairns on a caul winter mornin, an richt inta an oothoose attached tae the skweel tae licht the fire aneth the muckle biler tae mak a plate o soup for the dinner. Syne there wis the cocoa an a chunk o cheese. We were mair than ready for't.

Bit back tae the meal an aul-farrant names come tae myn o Murly Tams, Pizzers – an a query I got nae lang syne fae ma gweed freen Jim McDonald, o Wartle, speirin fit Stoorum wis.

Weel, some like the makkin o ma porritch, it's a kyn o gruel far ye hae yer oatmeal wi bilin watter poor't ower't, the sediment alloo't tae sink an the liquid drunk as het's possible addin a suppie o milk or saut – bit better still, ma honey and fusky! It wis suppos't tae be gweed for ye last thing afore ye gaed tae yer bed.

Finally, anent a column a twa wikk syne on pittin yer fit in't fin tryin tae spik pan loaf, Cathie Imlach, o Oldmeldrum, kent o a lass on tryin tae be posh an translate "a hame-ower quine" said: "A home-over girl". Losh be here!

See ye neist wikk.

Once again, my culinary skills were exposed. The message is to stay clear of the kitchen and it's my opinion that there are far too many cookery programmes on TV. Now if Laurel and Hardy were to join me in Celebrity Chef! "Fit a soss."

Ye ken, for lots o's, spring is the best season o the eer

4 April 2005

We'll try another year again
The seed is in the ground

Troubled Fields, by Frieda Morrison

Man, bit it dis yer hairt gweed tae get a hale day or twa o sunshine wi the rise in temperature gaurin a body cast the jaiket an haud oot tae the gairden.

If only! For a cheil fest approachin the allotit span, I scrattit the pow, lookin at a gye congestit diary, an socht the help o a freen tae clear awa winter's remains an set tee wi a will wi the spaad an the graip tae keep tee wi spring.

Oh, bit Esma's been rale busy wi her gairdenin protticks, an ere's naething she likes better than haudin oot tae the greenhoose up tae the oxters mang trays an compost. The hoose is back inta some semblance o order wi winda sills noo clear o seed trays an the sweet peas oot tae harden aff.

Ay, it's spring again, wi aa the twists an turns that mother naiter can throw at's. I did warn ye a wikk or twa back that thon coorse wither wisna the Teuchat's Storm – it's still tae come, an syne look oot for the Gab o Mey.

It's changed days on mony a fairm even since Frieda Morrison wrote her commentary in sang on tribbl't fields, es efter attendin a meetin o fairmers in Auchnagatt Hall in aatumn o 1987 tae share their worries an concern aboot the future o fairmin.

> *"If the rains don't wash away all we ever had, we'll try another year and stay upon this troubled land".*

For lots o's, spring is the best season o the eer an sae weel documentit bi oor skeely wordsmiths showin the cheenges ower the eers fae wir granfaithers' time.

I hae been haein a ca-throwe ma gran collection o beuks o poems on life in es neuk, a collection supplementit bi the generosity o Colin Mearns in presentin me wi a curn fae his faither's ain collection, lots o them signed bi the authors in appreciation o the fine contribution John C. Mearns made on North-east life. Thanks tae Colin, an nae doot I'll dwall at greater linth on some o them in ma lamgamachies on a Monday.

Ae beuk that took ma ee wis "A Breath o the North-East", bi George Stephen, Lord Provost o the City o Aiberdeen at the time it wis published in 1958. On the advent o spring he muses that: "April rains shall sure prepare for freshness of the fields in May."

The freshness o the fields o May mean less tae some fairmers in es changed days wi braw irrigation systems feedin inta muckle tunnels o straaberries, an raa upon raa o daffies wytin tae be cut in the bud for markets near an far.

It's a far cry fae J.M. Caie's fairmin days at Nether Dallachy in the 1930s fin "roon again comes shaavin (sowin) time wi grubber, roller, harra – tae haud fowk oot o langer, dod, the hairst's its only marra".

Modern machinery sees less steer aboot the fairm, bit

the oors are jist as lang an the rewards as fickle, speecially the noo wi the lambin in full swing.

Naiter will aye hae the upper haun an will hae the final answer, I fear, if interfered wi. I winner on es tests on the go tae inject inta the embryo tae bring ye the sex ye wint in a bairn. Gyan ower far, surely.

Like a feow eer seen fin freens o oors were on holiday at es time in Aviemore, an a great attraction wis the different colours o day-aul chuckenies, the colours obtain't bi squirtin a dye inta the egg. Even at's sma beer tae fit's happenin nooadays.

We canna turn the clock back so, wi that, lat me tell ye o ma eence eerin tae Inverurie on Setterday. I cwidna turn the damnt clock forrit last wikkeyn wi simmer time upon's. I hae a spleet-new car an it gaed ower ma back tae meeve the digital clock that oor forrit. Damnt modern accootriments.

Tae feenish, it's back tae ma theme on unnerstannin the Doric tongue, an Gladys Thomson, o Inverurie, tells me o the fairmer wifie fa gaed doon the toon fin her man wis at Kittybrewster Mart. In she went tae Boots the droggist for a bottle o meth, which she hid tae sign for explainin fit wye it wis tae be eest.

She wrote "for singin hens".

See ye neist wikk.

These are the hopes of spring and the realities of the North-east climate changes, as documented by our grandfathers. Singin Hens? Here, the lady would be removing the fluffy feathers by singeing them over a slow flame.

Oor education system wis een tae be prood o

2 May 2005

Aa he taught me was
The weight o the tawse

The Lad o Pairts, by John R. Allan

That remark cam fae an aul man describin his pairish skweelmaister, an it's the lad o pairts that's eemaist in ma muses the day. Esma and me hae hin a twa-three days deein next tae damn-all up in a hotel at Coylumbridge and I'd time tae sattle doon till a fine beuk at maks compulsive readin.

It's ca'd "North-east Identities and Scottish Schooling": the relationship o the Scottish educational system to the culture o the North-east o Scotland.

It aa cam oot o a day-lang conference sponsor't bi the Elphinstone Institute o the University o Aiberdeen. Sivven papers were presentit bi invitit contributors an at forms the hairt o the beuk, wi ilka een haein tae wark fae fower chosen texts on education throwe the eers.

The first gaed back tae 1832 wi a quote that oor education system then, wis een that Scotland hid gweed reason tae be prood o. Syne fae Elsie Rae on her beuk "A Waff o Win fae Benachie" we hae something the same bit emphasisin the North-east as bein the best educatit o aa.

The third quote is the een at the heid o the column

157

pittin a bit damper on the "reezin oot", an the last is fae
Norman Harper in the Press and Journal in 1999 that
"Scotland spirals down to blissful ignorance".

The beuk gings fae the dedicat't dominie o the 19th
century tae the modern wyes o deein, then farrer inta the
future, an it wis maist interestin foo each contributor taikl't
the subject an richt eneuch, the lad o pairts comes throwe
as the strongest threid.

We gyang back tae es lad fae a sma rural skweelie deein
sae weel that his fowks wid scrimp an save tae pit him in
tae the university in the big toon, leavin there tae mak a
fair name for himsel in the ootside warl.

The editor, David Northcroft, maks a fine contribution,
an ower aa ye get the feelin o haein tae mak up yer ain
myn on the myth, or wis't reality, o the lad o pairts and
fit the wye forrit is noo.

At taks in the neglec ower the eers o the teachin o
Scottish history an literature includin oor ain, oor mither
tongue. Balanced wi that, we hae a gran chapter bi Derrick
McClure on the case for the future o the Doric.

Ere's nae doot gyan back tae granfaither's days, ay an
efter, we owe a great debt tae dedicatit teachers in sma
skweels, comin back fae university tae a selfless career in
kintra places, wi Gavin Greig a fine example, as wis
Charles Grant, o Aberlour, a name I only kent afore as a
fine fiddle player an composer o strathspeys an reels. As
far as devotion tae duty wis concerned, there were mony
ither examples.

I cwid gie quote efter quote aa day fae the beuk, bit
there's nae space for muckle o that. I maun, hooiver,
menchin R.F. MacKenzie, fa mony will myn on fae's days

as heidie at Summerhill Academy an the headlines in the papers fan he wis dismiss't in 1974.

Here wis a man afore's time, yet he wis a lad o pairts; tee, his faither the stationmaister at Wartle. Young R.F. wis tae start backspeirin the acceptit wye o deein things – the rural community for example, dominatit bi the laird, dominie and meenister – a wye o life I wis brocht up wi masel.

Anither fascinatin chapter dwalls on skweel-day memories in oor ain time, like former Director o Education James Michie, back ahin's desk at Fordoun Public School fan he myns o fit he ca'd education bi the convoy system. Bi that he meant ye jist meev't forrit at the speed o the slowest.

So the myth o the Lad o Pairts? My hairt glow't wi pride ae meenit, syne I drew breath tae realise we shidna aye cast a backward ee.

Tae feenish, I tak ye back tae 1855 an a quote fae the beuk which cwid weel hae been scriev't in 1955.

"Inquiring lately of an old Scotchwoman as to the individuality of a lady who she said had called on her, we asked whether her visitor was English. 'Oh that I dinna ken' was the reply. 'They aa speak sae proper noo there's nae tellin the differ'."

Far noo the Doric?

See ye neist wikk.

I found this book fascinating reading and it really made me think on the changes in the education system over the generations. To me at a wee rural school, I thought I got a great platform to build on.

Capturin the man that wis the Laird o Udny's feel

6 June 2005

Gie fools their silks
and knaves their wine
A man's a man for a' that.

Robert Burns

"Dinna bury me like a beast". There wis Jamie Fleeman starin me in the face, nebs bit a three fit fae een anither an I wis transfix't. It wis the climax tae a one-man play on the life o the Laird o Udny's feel, an Ken McRae gave a maisterfu performance in portrayin his subject, complementin his skeely wark in screivin the play in the first place.

Ken wrote an first perform't *Jamie Fleeman* back in 1985 and noo it's getting a re-run roon the North-east bi Fleeman Productions, fa's aim is tae present sma-scale productions maistly in the Doric, an for that they maun be commendit as addin anither vital threid in haudin on tae wir ain rich culture alang wi oor dance, oor sang, oor music an oor heritage.

Tae play the feel, pardon the pun, is gey tricky, for it wid be affa easy tae overact an ridicule, bit on the ither side o the palin, tae romance a thochtie ower the score.

Ken got's inspiration fae the book o J.B. Pratt, "The Life and Death of Jamie Fleeman, The Laird o Udny's Fool"

160

which was re-publish't in 1980 bi Heritage Press (Scotland) at Towie Barclay Castle.

I hae a copy o that beuk, and efter I left that perform-ance at the Cowdray Hall in Aiberdeen a wikk or twa ago, I since hae pickit it up again. Ken his captur't the man an his wyes jist richt, bringin oot the humour o Jamie's upcomes an the pathos affectin's life.

Fleeman, or Fleming tae be correct, wis born in 1713 in an era fan feels were consider't tae be a necessity at ony estate. It made the Laird look that bit grander, an for ony orra wark aboot the place or eerans tae be relay't estate tae estate, the feel wis yer man.

Haud on tho, the wird *feel* is nae acceptable in the day's warl wi aa its political correctness, tho that's foo Jamie wis an will ivver be kent. It disna gie credit tae a staunch, trusty servant, eident warker an maist lovable mannie.

Ay, he kent his station. He wis an eccentric, he hid maist aasome strength, an steed oot becis o's looks, dress an queer wyes – aa richt, you win, he wis some half o a feel.

It wis Jamie's strength in savin the Laird o Udny's charter-chest bi haivin it oot o the hoose o Knockhall fan fire broke oot that earn't him a peck o meal, a saxpence a wikk for the rest o's life an a reef ower's heid. Myn you, he wis welcom't aa ower as he wis forivver on's traivels.

Ere's far ower mony anecdotes an upcomes tae relate here an gie justice tae the man, bit I'll touch on een tae show his great loyalty. Efter Culloden, a lot o the country toffs fa hid jin't the Prince's standard hid tae flee an lie hidden in the neeborhood o their former dwallins. The Countess o Errol trustit Jamie Fleeman tae cairry messages atween them: nae mean feat. He cwid traivel the country athoot arousin suspicion and cwid get oot o the maist awkward situation bi the glibness o's tongue.

Tragically for aa the guid he did an aa the respec he earn't fin he wis fit, kindness desertit him or it wis ower late in's days o need, fin he took ill an cam bi an accident tryin tae sleep aff the fever in a barn. He hid been makkin for Longside, for that's far he wintit tae be beerit. That pooerfu hinmaist passage in the play cam back tae me as I read o the last oors.

"I nivver heard that God seeks where he did not give" and openin his een for the last time he said in a firm tone: "I am a Christain; dinna bury me like a beast."

That inscription is on a granite pillar erectit far he noo lies at Longside.

Finally, tae a signpost nae in Buchan, bit on Royal Deeside. It's been ere for eers, bit jist oot o Banchory es een tickl't ma fancy on a recent car run oot by: "Echt 9." I suppose the neist stop's Tain.

See ye neist wikk.

Echoing the words of Robert Burns on man's inhumanity to man, but at the same time the acceptance of the relationship of the laird and his feel, who was, after all a staunch servant. The signpost shows the village of Echt is, indeed, just a few miles from Banchory.

Days o the ivver-open door, the kettle aye on the swey

29 October 2005

There's peace worth more than gold
for a shepherd in the shieling

Down in the Glen, by Gordon/Connor

Weel, Prince Charles maks a gweed pynt in's bleeters es wikk fin he wintit's tae gyang back tae smaaer fairms, breathin new life inta the rural hinterlan an sae haudin on tae the community speerit dwinlin awa eer bi eer.

Ah, the gweed life! The only draaback is that it's aa richt in the warl o dreams, bit a body maun mak some siller tae exist.

It wis jist a day or twa afore the Duke o Rothesay's say-awa that I met in wi a lady fa unnerstans mair than maist the joys o crafts an community, as weel's the hairt-braaks at the weerin awa o't aa.

Like chalk an cheese, the reality wis brocht hame as ma radio producer an masel made for Inverness on Wednesday mornin an taakin a helluva lang hurl, time-wise, fae Aiberdeen. Oh, tae be oot by, free o traffic an at hame wi nature.

We jist aboot bumpit intae aathing at morning: a three-fower sets o traffic lichts pitten up for major roadworks on the A96 roon aboot Keith; a fair feow

163

tractors an trailers loadit wi strae bales; a cooncil larry at Elgin sookin up the blockit side-o-the-road drains; a fire engine, an, haein a fair chauve haudin roon the roonaboot at Lhanbryde, a twa muckle artics wi wide loads an a mile o traffic ahen. Add on the frustration o Fochabers an at wis us.

Ah, weel, better late than nivver, an there she wis wytin, a lovely lady defyin her 91 eers, biddin's welcome tae her retirement hame an keen tae news on her revised beuk on Crofts and Crofting.

Katharine Stewart wisna born inta the scene Prince Charles wints back again, bit cam up fae the sooth jist efter the second warl war tae sattle, nae electricity an nae rinnin watter, wi her late husband at Abriachan, ootside Inverness.

Fit an inspiration she is, echoin the wirds o oor National Bard "contented wi little an cantie wi mair". Oh, ay, wi 10 beuks tae her credit an a sax o them bestsellers, ere's naething comin ower her noo bit lots tae look back on an a clear vision for the future.

Her craft, Flora Garry's sma fairm at Bennygoak, my grunnie's craft at the Hill o Corskie, aa somehoo cam neebors as I sat fair enchantit wi Katharine newsin awa 20 tae the dizzen. Hid Prince Chairlie read the beuk, I winnert, afore maakin's views kent es wikk?

"Only when the Highlanders and the people of the Islands themselves are in control of their own destinies will the Highlands and Islands begin again to make their unique contribution to the socio-economic fabric of the nation. And only then will there be regeneration of confidence in native ability to work out their own destiny for themselves," she quotes fae Francis Thompson, a fella aathor, fae Lewis.

I'll nae gyang inta detail the day. Read her beuk for yersel an she's on ma programme on Sunday. Bit mair nor onything it's the community speerit that shines throwe as the solid anchor o life an foo aabody helpit een anither.

Those waur the days o the ivver-open door, the kettle aye on the swey, the hard darg share't fin the goin got teuch kyn. Oot o naewye a squad wid arrive, hyows at the ready at the neeps in the spring, syne the threshin, the githerin o the sheep, the dippin an clippin, oh an the back-brakkin castin o the peats.

Somehoo, we hae tint the road an hinna match't the contentit wye o life tae the advancin o modern technology.

Last, as an example o foo things are deen nooadays, I turn tae a letter I got the ither wikk fae Frances Jaffray, o Ellon.

Es mannie fae the Tarves airt rung up his local bank, only tae get the dreidit call centre. He explain't that he really wintit tae spik tae the lassie in the bank, bit the lad sittin at's desk in India insistit that fativver the mannie wintit he cwid sort it oot.

"I hae ma doots aboot that," which got the response: "Try me."

"Well," said oor Tarves chiel, "did I leave ma bunnet in the bunk es mornin?"

I see ae bank his scrappit far-awa call centres, an nae afore time. Jist a start.

See ye neist wikkeyn.

Katharine Stewart is a gem of a lady and I identified with her way of life in the Highlands so much with my own upbringing in Aberdeenshire. She could express it so well.

Bank swypin awa mair community speerit

12 November 2005

The bunker. No, no, Beldie
Nae Hitler's bunker.
Nae the bunker. The bunker.

The Banker, from Scotland The What?

Jist a loon weet ahen the lugs an intae's first pair o lang brikks, he made oot his first pey-in slip an heidit inta the bank at the tap o Market Street at the neuk wi Union Street, tae pit the boss's siller in the safe keepin o the National Commercial Bank. He wis a gey shy laddie as he gaed tae een o the staas, bit syne greetit bi an affa sympathetic mannie wi a cheery hello an the ice meltit. He spak the same tongue's him.

That wee laddie wis me as a 15-eer-aul an ma first job as junior aadit assistant at the firm o John N. Watt, CA, 40 Union Terrace, Aiberdeen. The bank teller wis Donnie McBeath, an even fin he meev't on tae the muckle ledgers at the eyn o the coonter, it wis aye him I made for.

That we becam freens eers efter throwe fiddle music is a different maitter as it's the banks I'm on aboot the day. Eence mair, the Clydesdale Bank his taen the scythe oot tae swype mair an mair awa o the community bonds, leavin the stibble an a dreary ootlook. Fa wid o thocht in the days I wis that aadit assistant that the rich fairmin gruns o Buchan wid nae langer need bankin services, lat aleen feower kirks, post offices, shops, sooters an blacksmiths?

New Deer, says the Clydesdale Bank, is nae langer economically viable an at's aa that maitters nooadays. Kill the community. Fa the deil cares? Ah, bit syne alang comes the Royal wi its traivellin van in a bleeze o publicity wintin tae show its commitment tae the area wi 20 stops in placies far the Clydesdale will pu the plug.

Ay, bit for foo lang? Jist as we're assur't the Post Office cwid haunle cash in an oot. I'm sorry, bit we need mair nor that. We aa need a shooder tae lean on noo an an. We aa need advice on financial maitters, an yer aul-farrant bunker wis yer man tae trust.

It nivver wis a case o them an us gyan back a 50–60 eer. Ye hid the respec in ony village o the bunker, the meenister, the dominie an the bobby. They, in turn, gaed as much tae the community an noo they're jist ghosts o a bygone era. There'll come a day fin the littlins growe up that the damnt moose attach't tae the computer will care for aa needs, bit nae yet. Ere's plenty still tae the fore at kens naething o sic protticks an deserve better.

Hooiver, back tae bankin an a feow eers efter ma introduction tae Donnie McBeath. I wis in business on my ain as an accoontant at the Brig o Don abeen the Clydesdale Bank in the 1970s, an alang wi Charles Henderson, the baker's loon fae Maud, manager o the bank then, an George Cowe, retir't police inspector, an oor corner shoppie newsagent an grocer – we met ilka wikk tae play games, feel gypes that we waur.

The game wis oot o the P&J, an ye got pints ilka wikk

bi progressin the ile industry. Losh, we dibber–dabber't lang an sair on whither tae big an ile terminal at Sullom Voe or buy new tankers an tak the black ile tae Grangemouth.

It wis gran fun. We cam oot o't nae that ill, an I wis trickit tae get a letter fae Charles nae that lang syne wi some o's memories as a bank manager. At the Brig o Don Branch, he wis aye willin tae gyang oot an meet clients fa fun it difficult tae come tae the bank. Ae sic body wis a very nice aul dear in her eichties, aboot 50 eer aaler than Charles. It wis arrang't that he meet her at the residential hame she bade in, takkin siller wi him.

The day afore, though, she fun her ain wye tae the branch in a state o excitement. Fair wun up she wis. Charles wis oot, sae there wis naething for't bit tae get the gist o her eeran across tae the accoontant, Alan Catto.

"Tell Mr Henderson not to come tomorrow at 2 o'clock," she said. "The minister has been on the phone to say he is coming at that time and the minister doesn't know about Mr Henderson and me."

Noo there's community speerit for ye.

See ye neist wikkeyn.

Yes, it's sad, but true that the pillars of society, the rural banks that opened all day, are not viable any more, but surely there is a social aspect to take into consideration.

Cairds and e-mails linkin een anither roon the warl

24 December 2005

"A very Happy Christmas
To dearest Mam and Dad"
There lay the bulky savins
O the little lass an lad

The Christmas Surprise, by Maggie Jane Minty

In ma myn's ee I picter the scene as the wee bairnies giggle aneth the blunkets, the wee cairdie an nick-nack for Mam an Dad hodden awa, bit wytin wi an excitement they can hardly thole as tae fit Sunty wid bring afore mornin.

Steekin the een yet fechtin the sleep, they didna ken mither an faither were wytin, tee, or the time wis richt for Sunty tae come, the bit o clootie dumplin an the gless o milk at the ready.

Oh, the innocence o't aa an the sheer joy o Christmas, as here we are again on anither Christmas Eve, bit fit a change since I wis een o that wee laddies. Es day will see aa the hurly-burly o last-meenit shoppin wi the swing doors o the muckle malls nae alloo't tae dauchle as aa kyns o trock an gullshikks tak sheetin aff the shelves like sna aff a dyke.

Ae mair Christmas, bit eer efter eer the faister pace o life in the modern warl an the fusin o fremmit cultures hae dee-gweeders lattin bleeter tae conter aa we've come tae accep an cherish.

In the speerit o Christmas, I'll nae lat lowse bit jist a thochtie on the heidlines o es last wikk. Weel, fit's been alloo't tae happen fin a 13-eer-aul quinie, jist a fower-five eer on fae believin the magic o Sunty, lies drunk in a street in sicht o the maist evil, an I hiv a queer feelin in ma stammick as tae aa the hoo-haa ower gay "mairrages" comin legal.

It's hine ower the tap. I've nae qualms on fit wye they choose tae live their lives, bit for God's sake dinna lat's aa inta their ongyans. A veesit tae the solicitor wid o sortit oot the legal side athoot aa the palaver.

Sorry! I'm up the dreel I didna wint tae gyang, so lat's keep it simple an reflec at es precious time. As I sit here an screive es column, I tak a squint o the neat raas o Christmas cairds aa stapl't thegither on ribbon an hingin fae the ceilin. Time tae draa braith, surely, an think o freens aul an new, hale an hairty, an some sadly departit; anither name aff the list.

The little notie files tackit on tae the best wishes tells a lot an brings back the memories. For me, the morn is a case o Christmas Day in the workhoose as I hae ma dennertime programme on Radio Scotland an fair lookin forrit till't, jist as the cairdies dee, linkin een anither roon the table.

In preparin for't, I've been fair taen on wi the e-mails fae aa ower the warl. Bi internet, a freen fae the ither side o the Atlantic can prick up his lugs at a menchin o anither in's hame country an that maun be extra speecial at es time.

Tak, for example, a chiel bi the name o Francis Kuzma, fa e-mail't me fae a sma toon ca'd Jabiru in the Australian Northern Territory, far he says "we busy ourselves diggin up rock and turning it into uranium". He's been harknin intae ma programme since he got inta broadband.

Noo, I can imagine him luggin in the morn wi a teardrap in's ee as he wints me tae gie a shout tae's sisters still bidin in Dundee. It's a humblin thocht an a far cry fae the aul days o keepin in touch. I'm gled to get the chunce tae be on air the morn, for jist as I hae pride in linkin up wi Francis hyne awa, I'm thinkin, tee, o the fowk left their lief-alane bi the fireside or in hospital as the rest o's gad aboot.

Lat me feenish wi a true tale o es eer's bairns' Nativity plays an carol singing. A freen o mine – I'll spare her blushes bi nae namin her, tho I'm sure she widna myn – wis encouragin her wee dother tae gyang ower wi her "Away in a Manger".

It wis aa Mam cwid dee tae keep a stracht face fin the wee lass feenish't bi singin that the little Lord Jesus wis asleep on the hen! Weel, it wis a fairmyard scene aa these eers ago!

Blythe yuletide greetins tae ye aa.

See ye neist wikkeyn.

The true spirit of Christmas has lessons for us all and more and more the message gets swamped in commercialism. Tragically, the modern scene where society allows a young lass to lie drunk in the street – her Christmas present possibly still on the tree – is getting all too common.

Anither eer eyns wi aa its joys an sorras

31 December 2005

A Guid New Year tae een an aa
Are what they seem tae say

The Bells o Hogmanay, by Jock Morgan

Man, bit Hogmanay his chang't an affa lot since the late Jock Morgan reca'd his early days at Kemnay an I gaed stottin wi ma pals roon the village o Dunecht an onwards tae the Lyne o Skene, ilka hoose wi the door wide tae the wa an a welcome tae "come awa ben the hoose, lads" efter the clock hid chappit twal.

Gyan back tae skweel days, tee, the same doors wid open for an orange an a hame-made biscuit fin bairnies speirt at the aul wife tae rise up an shak her feathers – rise up an gie's wir Hogmanay.

Fa wid daur leave a door ajee the day, an fa wid alloo bairns oot on their ain? It's a sorrafu state o affairs in modern society, an the simple pleesurs o a dram an a sing-sang roon the pianna nooadays turn inta thoosans o fowk packin the muckle toons lattin the professionals provide the entertainment for them.

Weel, fativver will be will be, bit there's aye a place for the faimily at es time an we fair enjoy't oor get-thegither on Boxin Day – a day late for the turkey, bit then I wis on the radio at dennertime on Christmas.

We waur aa hopin the wither widna brak as it wis Esma's turn tae hae the fowk in by an fingers cross't that a certain lady wid mak it. That she did an there we were, the sooter's side o the Shepherd clan, brither Harry an's wife Evelyn, sister Helen, oor ain loon Gordon up fae London, an dear aul mither at the age o 98.

It took her a wee fylie tae sattle or she got her braith back, bit seen we were back tae Shoemaker's Cottage at Dunecht an throwe tae the back shop wi wir late Dad, the rossit hotterin awa in the three-leggit pot on the swey abeen the open fire, the blackoots on the windas durin the war an, oh, the great times we hid as geets. It wis a gran wee fylie thegither and an oor or twa tae treasure.

We werena the only branch o es particilar stock o Shepherds tae be celebratin at es time as I wis fair trickit tae get an e-mail fae cousin Tiny in Oakville, Canada, that fair pit the tin lid on't.

Tiny's faither wis my uncle fa emigratit wi's brither as young men sikkin wark. They were baith blacksmiths, an on a veesit ower ere a feow eer syne noo, I wis proodly tellt that een o them hid craftit the ironwark roon the palins an clocks o Young Street in Toronto.

Be that as it may, it turnt oot that es Christmas Eve, Tiny and Bob's dother hid organis't the twa sides o that Shepherd faimily tae get thegither an, in the coorse o the newsin, nephew David remarkit, tho Canadian born an bred, he fyles listens in tae ma dance-music programme on Radio Scotland bi the internet.

The e-mail arriv't as they aa switcht on in their ain hames last Setterday nicht so that we Shepherds cwid aa

174

be thegither: a magic oor that I maun admit brocht a tear tae the ee.

Since I'm back on the e-mail theme again, I got anither een for ma Sunday programme fae Elma McRae, in the ootskirts o Brisbane, Australia, and there I wis doon memory lane eence mair.

A lot o dancers o my age an mair will myn on Elma afore she emigratit in 1977. She wis a Methlick quine an play't pianna wi the likes o Lawrence Marr's band fae Methlick, Duncan Watson's fae Ellon, an Eddie Edmond's fae Inverurie. Oh, the days o the village dances ilka wikkeyn.

She noo plays for a band oot ere a twa-three times a wikk an es verra nicht she's at a ceilidh wi mair nor 300 hoochin an dirlin tae Scottish music. Gran tae hear fae her.

So, that's it. Anither eer comes tae an eyn wi aa its joys an sorras. Time tae look forrit noo an the New Year resolutions promis't, bit kept for foo lang?

Like me efter the Dons' defeat at Motherwell last wikk ... I'm nae gyan back tae Pittodrie. Better things tae dee on a Setterday than sit an glower at the sorra sichts on the park.

Will I or will I nae? I'll keep ye postit.

Aa the best for 2006.

See ye neist wikkeyn.

Hogmanay was a precious time in my youth. The passing of the old year into the new was celebrated in a simple, homely way. Now with the internet link, it can be just as fulfilling as relations reach out the hand of friendship on the stroke of 12.

175

Athoot the dancer, fat eese the dance music?

7 January 2006

Now the fiddler's ready
Let us all begin

The Dashing White Sergeant – Trad

Lat me start ma first screive o 2006 bi wishin ye aa the best in the New Eer an, durin aa the eer tae come, happy may ye be. Ay, it's the weel-worn sentiments bit, sadly, at's nae aye foo the burnie rins.

Noo, een o ma New Eer resolutions wis nae tae turn inta a grumpy aal mannie as the months roll on tae ma three score an 10th birthday, bit losh ma bleed wis bilin fin I pickit up Monday's paper wi the heidline that oor traditional dance is tae tak a backwyes step in oor skweels.

Did ye ivver hear sic dirt? Lessons on the Gay Gordons an the Dashin White Sergeant are tae be stoppit an in their place will come "hip-hop and street dance", fativver in the name o creation at means.

The routines are suppos't tae be mair physically challengin than oor ain dances – sic rot – an obesity mang the bairns maun be taikl't. Fit aboot beddies an skippin in the playgreen, than? Mair, much mair important, fa alloo't the obesity tae creep in in the first place?

Jist at a time fin mair bairns are takkin interest in wir ain rich culture throwe oor music, they cut the feet fae the eident fowk encouraging the dancin side. Athoot the dancer, fat eese the dance music?

It's nae at lang syne in es column – jist afore Christmas, in fac – I wis reezin oot a great efterneen I hid wi 400 primary-skweel bairns fae aa ower Fife dancin their wee hairties oot wi a hale programme o Scottish country dancing. Up in oor ain airt, I ken at first haun the eident wark an the enjoyment gaen an taen wi willin teachers an maist willin little feeties.

Ye only need cry in by the annual Country Dance Competition for bairns at the Aberdeen and North-east of Scotland Musical Festival tae fin oot for yersel the great interest an enthusiasm. Airyhall Skweel is a fine example, as weel's teams fae the smaaest rural skweels.

Fit's waur is that on a visit for ma radio programme tae the New Scottish Parliament, the MSPs I spak till were layin on thick foo Scottish culture an traditions were eemist in their myns. I hope they spik up noo cis ithers dinna see it that wye as ye read that es prottick in hip-hop his got £1.2million o fundin under the fantoosh title o Dance in Schools Initiative by Scottish Youth Dance. Kids, they say, will respon better tae furlin aboot like young Madonnas. I wid raither quote Rabbie Burns: "Loupin an flingin on a crummock, I winder didna turn thy stomach."

Fit neist? Stop kids fae blawin up the pipes in case they dee hairm tae their lungs an burst the drums in their lugs? Stop reciting Scottish poetry an singin Scottish sangs cis abody maun spik lah-de-dah like the prim an proper missie fa gaed heelster-gowdie fin oot walkin? Explainin the soss o her claes an the bruises on her knees, she said that she "trippit ower a tree reet an fell sklyte amang the dibs".

It's gran exercise the country dancin as we aa ken, an fair brings oot the swyte. Jist bi coincidence, I got a letter anent ma Setterday-nicht dance-music programme fae a North-easter now bidin doon in Dunkeld. Jess Hepburn sent in a photo o her days wi the WRI at New Pitsligo. She sent it in, by the by, afore the hoo-ha o the hip-hop.

"In the village, five miles from the North Sea, we had tennis, but no swimming; most Friday nights a dance in the public hall with Lancers, Quadrilles, Eightsomes, and so on. At school at Strichen, we had country dancing in gym periods with the heftiest girls carrying the heavy box gramophone from school to public hall."

Weel, noo, at wid tak doon the fat bellies richt eneuch, bit nae wye wid a bairn be alloo't tae cairry in the music centre the day. She micht be aff neist day, the wee darlin, wi a sair back an the mither suing the skweel an the teacher.

At's the moan ower, an fit a grumpy aul craiter I am on es, the first wikk o the new eer. Maun dae better, bit the dunce shenanigans wid try the patience o a saint.

See ye in better fettle, I trust, neist wikkeyn.

I really couldn't believe our own unique dance was to be discouraged in schools to make way for the universal hip-hop and street dance. What are our education superiors thinking about? It's certainly not our proud heritage.

Fae hummle doddies tae gosky brunches

18 February 2006

They sair misca their mither tongue
Bi ca'in the speech uncouth

The Auld Tongue, by J.H. Smythe

Ere's nae a Doric poet bit fit his versed on's ain mither tongue an J.H. Smythe in his een spak o the fairmer's loon ahen a twa month in London toon kentna "but" fae "ben" an yokit tae spikk in wirdies maist genteel.

Peer craiter, bit as I keep threepin on aboot, jist keep yer lugs open an young an aal still news sae naitural in their ain mither tongue, toon distinct fae kintra. Oh, ay, ere's wirdies disappearin cis they're fae a life that's awa, bit, man, they mak gran conversation jist harkin back tae them.

I'll dwall the day on three that hae been topics wi me es past wikk − hummle doddies, yaval broth an gosky brunches. Noo, that last een hid me fair beat an we'll come back tillt, bit oot o naething ae dennertime I wis speirt fit hummle doddies waur. Ere hid been a bit o confusion an freenly argument as tae whither they were mitts athoot fingers or mittens wi the fingers hackit doon tae the knuckles.

Weel in truth, baith wirds hummle an doddie are fae the fairm animals: hummle, a coo or a bull haein nae horns an doddie the same, wi yer Angus Doddie een o yer Aiberdeen Angus breed o cattle.

180

So nae horns is nae fingers, an the hummle doddies the bairns wore on the caul an frosty mornins were haun-wivven mitts wi the hale haun cover't athoot fingers an only the thoomb attach't.

Noo at wis sattl't, in chippit anither billie as tae fit a clay doddie wis. At hid me lookin up the Scottish National Dictionary tae fin oot the term wis used o a fairm worker, navvie or drainer. In effeck, it wis a thatcher fa used clay tae fix the thatch on the reef or onybody that wirkit amon earth.

Syne the bourachie o's reca'd the carl doddie an foo we focht een anither wi them as in conkers, the carl doddie the stalk o plantain. The een tae knock the heid aff first wis the winner.

Lat's meeve on noo till yaval broth: second day's broth wi the third ca'd resurrection. I maybe assum't ower muckle fin it wis a question on a recent programme o ma *Reel Blend* on Radio Scotland on a Sunday, an maybe I shid o spell't it oot as ae listener got aa carfuffl't an thocht I said Jarl Broch, which she syne took tae mean the historic settlement up in Sumburgh in Shetland.

The question did get the correspondence goin tho, an I hid a phone call fae Sandy Shepherd, noo retir't at Steenywid, bit 60 eer syne an maybe a thochtie mair, a bairn at Cairnorrie Skweel.

Sandy wis remindin's that yaval cam fae seed-time at the fairm fin a crap o barley wis saan for the second eer in the same park, so it cam tae be applied tae onything that happen't twice efter een anither.

Noo tae a postcaird wi nae name or address, the only clue bein a picter o St Machar Kirk at Abyne. "Fit dis gosky mean? The auld mannie neist door wis sawin up branches an said: "They winna be great burnin; they're gosky."

New tae me, so it wis back tae the muckle dictionary tae read that it again taks us back tae the fairm parks as gosk is rank girss forc't up on pasture lan bi the coo's dung. Gosky, than, wid indicate branches ower green an sappy tae tak fire richt awa.

Lat's feenish on the fairm wi anither true story fae retir't bobby fae Culter Stanley Rothney. This time, he taks us up Brucklay wye again. Upperton wis up on the heid o the ruck at hairst time fin he spottit his neebor, Fathie, comin up the close. As Stanley says, Fathie wid o scrapit Hell for a maik an he speirt if he cwid borra Upperton's gun tae get a rubbit for the denner.

"On ye go," says Upperton, "ye ken faur it's keepit. Tak twa cartridges wi ye an get a rubbit tae me, as weel."

Well, first there cwid be heard the ae bang an syne the neist afore Fathie cam back wi bit the ae rubbit in's haun. "Far's ma rubbit?" speir't Upperton.

"Oh, I miss't wi your shot."

See ye neist wikk.

It's funny how a single word or phrase gets the conversation going and further correspondence revealed a bit of history as far as the carl doddie was concerned. Let battle commence on the Jacobite-Hanoverian struggle with Charlie (Carl) versus Georgie (Doddie).

Gran programme showed hard lives o fisherfolk

18 March 2006

Oh ragin wind an cruel sea
Ye put the fear o daith on me

Overdue, by Helen B. Cruickshank

A fortnicht the morn at the back o sax, I sattl't doon tae watch a gran programme on BBC Scotland ca'd "Scotland on Film". It wis pairt o a series fae the archives an focus't on oor ain North-east neuk an the Granite City in particular. Weel, haud on. Faur wis the granite, the Rubislaw Quarry and ither industries that made the city? Tho it wis gran viewin o the hard-vrocht darg o the fishin, the fairmin an the acknowledgment o the Heilan Games as a major toorist attraction.

Oh, forget that I loupit oot fae yer screen noo an an – a meenit an a half wi the lave o the 30-meenit interview tape lyin on the fleer – that's nae the pynt, haein heard o ithers at the same prottick on the programme – it wis the skeely editin o the heichest quality linkin the aul films tae the memories stracht fae the hairt that made it for me.

Een o my wee bitties wis on the aul Tivoli and there I wis eence mair, es time doupit doon at my ain fireside, clappin at the dapper wee Alex Findlay, bit fit tuggit at the hairt strings wis the real stories o the fishin an the hellish conditions the men at went tae sea pit up wi, equall't bi the fisher quines at the guttin.

Es wis TV in the raw an I canna tell ye foo mony fowk hae made comment tae me aboot it. Aye the ither een said: "Bit the bairns o the day jist widna unnerstaun." They'd ken noo gin they bother't tae tune in.

Aa the mair dowie, then, for us in the North-east that we were gaen the news es last wikk that the name o Grampian, as far's TV is concern't, will disappear aff the face o the earth.

As Flora Garry said on the comin-on o a coorse hairst "she promis't weel", bit I some doot oor local identity may be tint for ivver.

Fundin's available aenoo for Gaelic programmin an his been used tae great advantage, richtly so, apairt fae the frustration o nae unnerstannin the commentary, an at's foo I reeze oot "Scotland on Film" sae much.

Losh, the picters o the aul black an fite hid ma ain fingers stoonin as the bonnie young lassies far fae hame, hoos't up in bothies, guttit the herrin mang the brine. My hairt gaed oot, tee, tae the men on the boats leavin Buchan ahen an heidin oot tae a gurly sea, fingers cross't an foo o aul fowks' supersteetions that their efforts at the fishin widna be in vain.

Syne, fishin ower, it wis time, at the eyn o a season in Yarmooth, for the lads tae dee some shoppin, kennin they wid pit a smile on the faces o the bairnies they hid left ahen. I can jist see noo the picter o the return, the wife wi the cares o the cruel sea ebbin awa bit for a filie, an the bairns, destin't for the same wide oceans, jist fair tricket wi fit faither brocht hame, oblivious as tae whither in the fish-sellin offices as the sklate wis clear't, foo muckle they hid feenish't up wi in the kypie.

Back tae the lassies at the guttin in the film, that wither-beaten wifie in her 90s said it aa – a pride o place, a face anent the win like in Peter Buchan's poem fin some can smile in their weary lot although the fecht be sair. Contentit wi little an canty wi mair comes tae myn, as weel.

That programme did much for me, and if aa the fowk they interviewed got as lang a news on camera as me, then surely wi Scotland on Film's reel upon reel, they can branch oot an gies fishin, fairmin, granite, soap maybe, Heilan Games, an entertainment in separate half-oors. At wid be gran.

Jist a thocht, bit it micht let the bosses that dictate fut we watch on TV ken jist fit dis appeal tae us in the North-east.

So lat me dee ma wee bit bi tellin ye that tho I hae been fishin the day, I hope tae be fairmin neist Setterday cis I jist hae been looking at a DVD o Don Carney on fairmin's Generations o Change.

Weel worth a viewin I assure ye.

See ye neist wikkeyn.

Sadly, the logo of Grampian TV did disappear and the company is now under the banner of STV. We can only hope the Central Belt bias doesn't encroach on our own rich heritage and that the debt we owe to those who came before will still flourish.

Watchin the chauve
an cheenge in fairmin

25 March 2006

Or lang ye're at the ploo again
Sae roon the sizzens rin
An aye by tearin oot the life
Ye try tae haud it in

Sair Wark's Nae Easy, by J.M. Caie

Helpit alang the line bi a pynter, skweel-teacher like, tae
an aerial photo ower the fairm, the DVD o Generations o
Change gies sic an unca insicht o the days fin granfadder's
fadder bruke in the roch grun, say weel describit bi Flora
Garry, up tae the hire o contractors the day tearin the verra
hairt oot o rural communities.

Jist gyan back a 50 eer, I can picter the young loon
at Drumnaheath in the shadda o Kintore, playin wi the
latest hame-made toys, a tractor made oot o a pirn or an
aeroplane wi fytit-doon timmer propeller baith power't wi
an elastic band an a bittie o a caunnel for grease.

The day – the same loon noo Dr Doric, Don Carney
– stares oot at muckle propellers furlin awa dependin on
the North-east wins, turbines blottin oot the peacefu rural
backcloth as he casts his een tae the Huntly airt.

Don his pittin thegither clippins fae videos he's taen ower
the eers an made a maist mensefu DVD weel worth the
watchin ca'd Generations o Change – Fae Sickle t' Turbine.

It taks in the mony changes in oor North-east neuk ower fower generations o the Carneys, fa fairm't Drumnaheath fae 1793 till 1986.

We'll start, as Don emsel says: "Fit happen't fin fairmin applied the sax-year crop rotation, produc't food that wis safer t' aet an much tastier than some o the intensive techniques o the day." Musin kyn, he maybe gings ower the tap a thochtie bi addin: "Some o oor ancestors' wyes o fairmin includit in the DVD might hae tae come back tae satisfee the modern consumer."

At's gran-sellin spik, bit I some doot the wyes o the young will nae be for turnin.

Be at as it may, wi the boss o oor hoose confin't tae barracks ivnoo an sisters ready tae answer the call o fativver duty is nott fin I'm awa, there's been mair nor ae re-run o the DVD, an bein dothers o fairmin stock an livin in the same generation as Don, they hae been fascinatit wi't. Jist on the brink o losin't aa throwe time, he his captur't the hale caboodle.

Fit tickl't them maist wis the nowt burstin oot o the byres an on tae the green, green grass o hame for the first time aboot the middle o May. Don wis a patient mannie tae capture at meenit or twa as the beasts lowpit an kickit their heels wi a grace in their muckle girths tae warrant an aadition on Strictly Come Dancing.

I can still hear the quines yet wi the romantic "ahs" fin the clocker wis broodin ower her chuckens, her three wikks' labours o sittin on the eggs at an eyn.

Ye see, the simple test, tee, tae fin oot if the egg wis fertile bi pittin't inta a pail o waater. If it drappit doon tae the boddom, nae eese, bit gin it floatit back, it gaed aneth the hen wytin for the wee beak inside tae crack the shall.

Meevin onwards, we get the sicht o dasht near ilka fairm wi a railway cairrage haudin deep-litter areas, stores an fitivver: bargains aff the coorse aim o Dr Beecham's aix.

Up tae date syne the turbines, bit fit a lot o fine ferlies loupin oot fae the DVD ower the generations. Weel deen, Don, for gaurin's draw breath an tak tent o the chauve an cheenge in fairmin.

Spikkin o the hens sittin on their eggs taks me back tae een o the first paraffin brooders I ivver saw. Ma dad made it wi the wire mesh haudin the eggs an the lampie in aneth. A handy man, he wis.

An tae feenish on eggs an the barter trade, fin wives wid bring oot eggs, butter and cheese tae the grocer's van tae be swappit for fitivver o the same value he keepit on's shelves. Jim McHardy tellt's eence on jist been promotit tae grocer's vanman an entrustit wi the 1922 Model T Ford traivellin roon aboot the Wardhoose area o Insch.

There hid been a glut o hens' eggs, an the decision wis made tae buy for naething mair than saxpence the dizzen. On being tellt the price, es fairmer's wife humpht an spak: "Laddie, it's nae worth the craiters raxin their backsides for."

I just had to finish with the farming heritage to balance out the previous column. We have so much to be thankful for in the efforts of our fathers and grandfathers, as we now sit on a prosperous part of the North-east. It was not always so.

Glossary

I assume, before you picked up this book, that you had at least a smattering of the written word.

ajee	partly open
alloo't	allowed
antrin wirdie	occasional word
aul-farrant	old-fashioned
aweers	on the point of
backeyn	late autumn
backspeirin	question, cross-examine
begaik	bemusement
bidey-in	live-in-lover or, as they say now, partner
birn	crowd
birse wis up	to get really angry
blaiks	puzzled to the extreme
bleeter	talk aimlessly
bog o swyte	sweat profusely
bogshaivel't	knocked out of shape, distorted
boss	empty, hollow
bourachie	crowd, group, cluster
bree't ma tatties	urinated. (literally drain off the boiling water when pouring potatoes)
breenge	rush forward recklessly
bursin ile	used engine oil
caruntin	careering about

ca-throwe	a rummage, a search for
chauve	a hard struggle
chiel	man, fellow
clap't een on	set eyes upon
claw	clean out, empty, scratch oneself
clocker	a broody hen
clookin	term used in the making of mats using a cleek (hook)
clossacht	covered up
connach	ruin
coupit	upturned
crochlie	limping, lame
cryn't	shrivelled
curn	a small number
cushie doo	wood pigeon
darg	work
dauchle	dally, stay put a while
dumfoonert	flabbergasted, stunned
dichtin	wiping, cleaning with a cloth
dooks	open-air bathing
dwam	fainting, turn with fear, daydream
eemaist	uppermost
eence eerin	sent for one particular message
eynrig	end ridge (ploughing term)
fantoosh	grand or flashy
faurer forrit	farther forward
feck	majority, greater part
feerich	state of agitation
fesses	fetches, brings
fooner't	foundered, collapsed, worn out
foun	foundation
fremmit	unfamiliar, enemy

furlin	whirling
fytit-doon	whittled
ganners o teeth	big stumps of teeth
gaur ye grue	make you shudder
gaurn't spue	making it vomit
geets	children
girss	grass
gullshikks	trashy, sweetened food
gypit	silly, foolish, witless
haaver	halve
hackstock	chopping block
haik	given to roaming about, prowl in a nice sense
haiv't	heaved
hame-drauchtit	drawn to home, love of own homeland
hantle	a considerable quantity
happit	covered
hard-vrocht	hard working
harknin	listening
heelster-gowdie	head over heels, topsy-turvy
heich	high
heize	a gathering of folk (as verb to raise up)
heow	hoe
hingin-luggit	dejected, crestfallen, disappointed
hinmaist	last in position
hippens	baby's nappies
hoatchin	seething, abounding
hoochin	whooping with mirth
howkit	dug out
hyterin	stumbling

191

i'se warran	I'd vouch for the truth of
interficher	meddle or interfere with
intimmers	internal structure
its leen	on its own
keesht	thrown off (as in clothes)
kinnlin a lowe	lighting a flame
kirnin up	oozing out like mud, mixing messily
knypes on	keeps going, works away
kypie	literally a small hole in the ground for the goal at game of marbles – now a safe deposit box
lamgamachie	rigmarole
lat dab	disclose
latchie	dilatory, slightly late
lattin lowse	let loose
lief-alane	all by oneself, solitary
littlin	an infant
loons an quines	boys and girls
maet	food
maik	halfpenny
mangin	dying to, anxious for
mensefu	courteous, respectful, well-bred, sensible
mineer	fuss, uproar, confusion
mischanter	mishap
nae mowse	no laughing matter
neb	nose
neep	turnip
noo an an	now and again
nott	needed
nowt	cattle

nyakit	naked
onding	downpour
ongyans	goings-on, behaviour
oonchancy	uncanny, risky
oot o langer	prevent from getting bored
orra trock	nick-nacks, goods of little value
owergyan	going-over, dressing down
oxter	armpit
palin	fence
peesie	lapwing
pirn	reel for holding thread
pow	scalp
powkit	pricked
prottick	project, ploy, caper
pyoke	bag
queel't	cooled
raivel't	get into a tangle, confused, muddled
raxin	stretching
redd up	put in order
reez't	given high praise
riggit oot	all set, equipped
riven	pulled apart
roch	rough
rossit	resin
roukit	skint
runkit oot	searched and looked out, lay out in readiness
rype	turn out contents
satty bree	salty water
scrievin	writing
scunner't	fed up, sickened, nauseated

scushel	walk with a shambling gait
shochl't	shuffled
shooin	sewing
siller	money
skaillie	slate pencil
sklyte	heavy fall, thud
skweel	school
skyow	askew
skytit	slid
smeddum	energy, drive and commonsense
smor't	smothered
socht	asked upon
sooter	shoemaker
soss	a dirty wet mess
sowder	solder
speir	ask, enquire
spleet new	brand new
spurgie	house-sparrow
spyl't	spoiled
staim't up	steamed up
staim-mull	steam mill
stairvin	freezing cold, very hungry
stammygaster	a shock
steek	close (as in door)
stoonin	throbbing with pain
stoor	quantity – as in liquid or ingredients in baking
stooshie	uproar
stravaigs	stroll, casual ramble
stue	dust
stumpicks	stilts

styes	corsets
swack	lithe, supple
swadge	relax after a meal
sweelt	washed away
swey	a horizontal bar at the open fire to hook on pots and pans
swyte	sweat
taen	taken
teem	empty
teuch	tough
teuchat	lapwing, peewit
thrapple	throat
threepit	forced one's opinion
tirraneesin	teasing, irritating
trauchle	drag oneself along
treetl't	walked with short steps
troch	trough
twynin	winding
tyauve	struggle
tyne	lose
umman	woman
vrocht	worked
wabbit	exhausted
wardle	world
warsl't sair	struggled sorely
waterie	outside toilet
wincie	petticoat
wivven	woven
wrang dreel	wrong way
wyte	fault, wait
wytin	waiting

wyve	knit
yarkin	thrusting strongly into
yoamin	spouting out
yokit	started up